Heimreise

C. Terle

Herstellung und Verlag:
BoD - Books on Demand, Norderstedt
ISBN 978-3-7386-3824-0

Inhaltsverzeichnis

Vorwort

Dieses Buch ist inmitten meiner Krise entstanden. Jedes Kapitel beinhaltet somit alle zu dieser Zeit für mich relevanten Erfahrungen und vorhandenen Gefühle. Es war mir wichtig, die jeweiligen Kapitel nicht durch meine persönliche Entwicklung zu verfälschen, denn so wäre es nicht möglich, anderen Menschen Mut zu machen und sie wissen zu lassen, dass es so wie es gerade ist, so wie sie sich gerade fühlen, in Ordnung ist!
Ich schreibe hauptsächlich im kollegialen Du oder Ihr. Euch zu siezen kam mir einfach falsch vor, da dies eine gewisse Distanz aufbauen würde.

Dieses Buch wurde nicht lektoriert. Dies aus drei einfachen Gründen. Erstens, ist das für mich eine gewaltige Übung, meinen Perfektionismus zu bändigen. Zweitens, sollte der Text nicht künstlich wirken. Die Worte sind die Worte meines Herzen und der Stil ist der Stil meiner Seele. Drittens, veröffentliche ich dieses Buch selbstverantwortlich und ohne finanzielle Unterstützung, weshalb ein Lektorat auch rein praktisch gesprochen nicht möglich wäre. Falls du somit den einen oder anderen Druck-, Tipp- oder Grammatikfehler entdeckst, hoffe ich, dass du ihn einfach übersehen kannst beziehungsweise dieser deinen Lesefluss nicht behindert.

Danksagung

Als ich meine Diplomarbeit schrieb, machte ich mir Gedanken bezüglich Danksagungen. Ich empfand sie als kitschig und selbstdarstellend. Warum sollte ich Gott und der Welt mitteilen, wie dankbar - und das war ich wirklich – ich meiner Familie war, dass sie mich während meines Studiums unterstützt und mir dieses ermöglicht hat. Sie wussten um meine Dankbarkeit! Ich hatte sie ihnen persönlich mitgeteilt und ließ sie diese auch spüren. Das Konzept einer öffentlichen Danksagung lag mir somit fern. Heute ist es mir ein Anliegen zu versuchen, meine Dankbarkeit für die Unterstützung meiner Familie und Freunde in Worte zu fassen. Ich sage versuchen, da es unglaublich schwer ist, in Worte zu fassen, was ich empfinde.

Ich danke Euch, dass ihr mir all die Liebe, den Halt und die Unterstützung gegeben habt, die Ihr mir geben konntet. Ich danke

Euch, dass Ihr nie aufgehört habt an mich zu glauben. Ich danke Euch, dass Ihr mich nie aufgegeben habt. Ich danke Euch, dass Ihr Euch für mich nie geschämt habt. Ich danke Euch, dass Ihr einverstanden wart, dass ich Euch in meinem Buch erwähne. Ich danke Euch für jede Umarmung und jedes gut gemeinte Wort und vor allem danke ich Euch, dass Ihr mit Beiden nie aufgehört habt, obwohl ich nicht nur einmal wild um mich schlug und Euch damit verletzte.

Ich bin dankbar für all die Hilfeversuche, die ich bekommen habe. Ja, es war ein Hanteln von Einem zum Anderen, doch war jeder Einzelne auch eine Liane, die es mir ermöglicht hat, ein Stück weiter zu schwingen.

Ich bin dankbar für all die wahre Hilfe, die ich erfahren durfte. Mein Dank gilt all den Menschen, die meine Stärke und meine Potenziale sahen in einer Zeit, in der ich mich selbst nur als ein von Schmerzen geplagtes Häufchen Elend sehen konnte. Ich danke ihnen für ihre Güte mich anzunehmen und mich nicht zu verurteilen.

Ich danke den Freunden, die hinnahmen, dass ich mich zurückzog und mich nicht mehr meldete – die mich jedoch auch wieder annahmen, als ich bereit dazu war, über meine Situation zu sprechen.

Und ich bin besonders dankbar für einen Satz, der mir die Augen langsam öffnete: „Du bist der Welt zumutbar".

Kapitel 1 - Warum?

Warum ich mitten in meiner Krise beginne zu schreiben? Ich schreibe des Schreibens willen. Diese Entscheidung habe ich durch das Lesen der Bhagavadgita verinnerlicht. In dieser steht: „Arbeite hart in der Welt Arjuna (Protagonist), aber nur um des Werkes willen. Du hast das Recht zu arbeiten, aber du solltest nicht die Früchte deines Werkes ersehnen. Vielleicht verweigert dir ja jemand die Ergebnisse deiner Bemühungen, aber du kannst dich trotzdem bewusst dazu entschließen, nicht an den Resultaten zu hängen oder dich durch sie beeinflussen zu lassen, ob sie nun günstig oder ungünstig sind".

Hätte ich diese Einstellung schon eher verinnerlicht, wäre ich vielleicht gar nicht erst in diese Krise geschlittert. Hat doch die genau gegenteilige Lebensphilosophie mich Schritt für Schritt in die Verzweiflung geführt. Mein

Weg war von Anfang an ergebnisorientiert. Es zählten die Resultate und den Weg zu diesen wollte ich so schnell wie möglich hinter mich bringen. Das klappte ganz gut: Oberstufe an einer internationalen Schule bis zu einer mit 100/100 Punkten bestandenen Matura; Diplomarbeit bis zum Sehr Gut; ein spannendes Praktikum im Ausland nach dem anderen; Studium bis zur Magistra; Jobsuche bis...ja leider nicht bis zum unbefristeten gut bezahlten Job. Dabei wäre das doch der nächste Schritt auf diesem Weg gewesen, den ich so schnell wie möglich hinter mich bringen wollte, bis ich endlich LEBEN konnte. Mit „Leben" meine ich endlich genießen, endlich Sachen machen, die mir Freude bereiten.

Es ist nicht so, als ob der Weg zwischen den Zielen kein Abenteuer gewesen wäre. Mehr als ein Drittel meines jungen Lebens habe ich im Ausland verbracht. Ich hatte die unglaubliche Möglichkeit in mehreren Ländern nicht nur als Tourist, sondern als Reisende mit und unter Einheimischen zu leben. Trotzdem wurde mir in meinen ehrlichsten Stunden klar, dass kein Auslandsaufenthalt je ohne den tiefer liegenden Sinn mich einem Ziel, einem Resultat näher zu bringen, stattgefunden hat.

Heute weiß ich, dass es immer ein nächstes Ziel gegeben hätte, das noch schnell zu erreichen gewesen wäre und somit sollte ich vielleicht froh sein, dass mich meine Krise in meinem 28. Lebensjahr erwischt hat und nicht später. Da ich jedoch noch auf meiner Heilreise bin, ist das mit dem Dankbarsein für diese Krise alles andere als einfach. Bedenkt man, dass ich seit über 12 Monaten mit täglichen körperlichen Schmerzen aufwache und wieder schlafen gehe. Tag für Tag, Woche für Woche, Monat für Monat.

Warum ich, obgleich ich nicht an den Resultaten dieses Buches hänge, mich dafür entschieden habe, es zu veröffentlichen? Man möchte doch nicht noch ein weiteres Buch über Heilung lesen, oder? Ich spreche aus Erfahrung. Ich habe in den letzten Monaten etliche Selbsthilfebücher gelesen. Jedoch hat mir persönlich in all diesen Büchern, außer einem, etwas gefehlt: Die Dunkelheit. All diese Bücher hatten gemein, dass sie kurz die schreckliche Lage des Autors umrissen und dann in den farbenfrohsten Bildern seinen Wandel, seine Heilung, seine Erleuchtung beschrieben. Anfangs hatten mir diese Bücher Hoffnung gegeben, doch irgendwann, vor allem als meine Heilreise immer länger dauerte, konnte ich sie nicht mehr lesen.

Wenn du somit von diesem Buch Tipps und Tricks für deine eigene Heilung erwartest, dann muss ich dich enttäuschen. Ich veröffentliche dieses Buch, um zu zeigen, dass Heilung nicht linear verläuft, nicht logisch und nicht nachahmbar ist. Ich veröffentliche dieses Buch, um zu zeigen, dass egal wie gebildet oder rational man ist, man in seiner größten Not angreifbar und verletzlich ist, man nach jedem Strohhalm greift und auf dem Weg nach Heilung so manchen Irrweg beschreitet. Ich veröffentliche dieses Buch unter meinem richtigen Namen, obwohl ich mir mehrmals überlegte ein Pseudonym zu verwenden, um anderen die Scham zu nehmen, die Scham vor ihrer Krankheit und vor ihrer Heilreise.

Kapitel 2 - Stunde null

Der Tag an dem sich alles veränderte sollte eigentlich ein fabelhafter Tag werden. Mein erster Urlaubstag. Diesen Tag habe ich schon seit Monaten herbeigesehnt, war doch das letzte Jahr der Höhepunkt einer Reihe von anstrengenden Jahren. Ich war in diesem Jahr aus beruflichen Gründen 5 Tage die Woche 5 Stunden mit dem Zug gependelt. Und nein, ich arbeitete nicht bei der Bahn. Obwohl ich mir oft dachte, dass dies eine sinnvolle Nebenbeschäftigung gewesen wäre, der ich während der täglichen Zugfahrten hätte nachgehen können.

Die Reise nach Helsinki wollte ich schon vor drei Jahren das erste Mal unternehmen. Doch die befristeten Jobs, die Arbeitsuche und die finanzielle Lage erlaubten es mir nicht früher. Doch dieses Jahr klappte es endlich. Nachdem ich in meinem Job von 20 Stunden auf 40 Stunden aufgestockt wurde und nebenbei noch auf Honorarbasis Vorträge hielt, konnte ich mir endlich das Flugticket kaufen. Obwohl ich mich so auf den Urlaub gefreut hatte, konnte ich die Reise alles andere als entspannt antreten. Drei Tage zuvor kam ich erst aus Florenz zurück, wo ich eine zweiwöchige Fortbildung absolvierte. Nach meiner Rückkehr musste ich noch zwei Tage arbeiten sowie nebenbei noch ein Jobinterview absolvieren und eine weitere Bewerbung schreiben. Schließlich war ich, wie schon die letzten beide Jahren, wieder einmal zwischen zwei Jobs, wie ich es so schön nannte. So kam es, dass ich meinen Koffer für die Reise am Vorabend mehr schlecht als recht packte. Das Kofferpacken sollte mir eigentlich leicht von der Hand gehen, lebte ich doch nun schon bereits mein halbes Leben aus dem Koffer. Leider zählte es jedoch zu den Dingen, die ich wohl nie lernen werde auf effiziente Weise zu erledigen. Um halb zehn Uhr abends war schließlich der Koffer gepackt und ich fiel müde ins Bett.

Wecker und Handy waren auf 6:30 Uhr gestellt und trotz dieser doppelten Absicherung, die garantieren sollte, dass ich keinesfalls verschlief, hatte ich keine ruhige Nacht. Oh, wie hasste ich diese Nächte vor großen Vorhaben, in denen man den Schlaf und die Erholung so dringen benötigt und sie doch nicht finden kann. Im Gegenteil, man liegt wach und muss alle 10 Minuten auf den Wecker blicken, nur um zu kontrollieren, ob man bereits ein wenig schlafen konnte oder wieder nur sieben Minuten verstrichen waren. Als die graue Leuchtschrift am Wecker endlich 6:29 Uhr anzeigte, schleppte ich mich langsam aus dem Bett und machte mich fertig. Noch ein Blick in meine Handtasche: Brieftasche, Reisepass und Handy, mehr, so habe ich auf meinen vielen Reisen gelernt, braucht es nicht. Alles andere könne man kaufen, sollte man es wirklich vergessen haben. Der Koffer, den ich hinter mir herzog, war schwer, obwohl ich nur acht Tage weg sein würde. Noch so eine Sache, die das

Packen betrifft, die ich wohl nie lernen werde: Man sollte nur so schwer packen, wie man in der Lage ist zu heben. Naja, irgendwann sollte ich vielleicht einfach Bodybuilderin werden, oder, wie mir eine liebe Freundin und ebenfalls Vielreisende empfohlen hat, einen Bodybuilder heiraten.

Die elektronische Anzeige an der Straßenbahnhaltestelle zeigte neun Minuten an. „Ich hätte doch die U-Bahn nehmen sollen", dachte ich bei mir. Ein Blick auf die Uhr versicherte mir, dass ich noch eineinhalb Stunden bis zum Boarding hatte. Meine immerwährende Angst, einmal zu spät zu kommen, hielt sich schon mein ganzes Leben, weshalb ich auch meistens mehr als eine Viertelstunde zu früh bin. Nicht einmal mein 5-jähriger Aufenthalt in Italien konnte daran etwas ändern. Die südländische Gleichgültigkeit der Zeit gegenüber färbte keinesfalls auf meinen Charakter ab.

Endlich bog die Straßenbahn um die Ecke und ich hob den türkisen Monsterkoffer hinein. Ich wunderte mich, wie schon so viele Male, dass umherstehende Passanten nie zupackten, wenn sie mich mit meinem riesigen Koffer kämpfen sahen. Die starken Gentlemen dieser Welt schienen wirklich ausgestorben zu sein und zum tausendsten Mal schwor ich mir, in Zukunft weniger zu packen.

Da ich mich in einer der ersten Straßenbahnen dieses Morgens befand, hielt sie kaum an einer Halterstelle und ich erreichte bald den Bahnhof. Der Bus, der mich zum Flughafen bringen sollte, stand schon bereit, war jedoch noch verschlossen, da der Fahrer sich anscheinend noch Frühstück besorgte. Der Stauraum des Busses war offen und somit konnte ich als eine der Ersten meinen gewaltigen Koffer unterbringen. Gute zehn Minuten später saß ich schon im Bus und konnte auch endlich frühstücken. Genüsslich packte ich mein Brioche, noch ein Mitbringsel aus Florenz, aus und atmete durch. Jetzt konnte ich mich endlich auf die Reise freuen. Ich spürte, wie meine alte Blinddarmnarbe schmerzte und hoffte, dass dies nicht eine Schlechtwetterankündigung sei. Die Busfahrt verlief ohne weitere Vorfälle, nur die Familie finnischer oder estnischer Herkunft neben mir fiel mir auf. Das Kind auf dem Schoß des Vaters schien sich sehr auf den Flug zu freuen. Ein Gefühl das ich nur zu gut kannte. Konnte sich das Kind in mir doch auch noch so sehr freuen – insbesondere wenn es auf Reisen ging.

Der Flughafen unserer Hauptstadt war kein ungewohnter Ort für mich. Ich kannte mich dort wirklich gut aus, weil ich während meines ersten Jobs nach dem Studium mit monatlichen Dienstreisen betraut war, die mich in das Herz Europas führten, in die Stadt der Schokoladen und außergewöhnlichen Biersorten. Eben an diese Dienstreisen und die spannende Tätigkeit dachte ich, als ich mich zum Gate bewegte. Enttäuschung und Frust machten sich in mir breit. Hatte ich doch bereits so viel erlebt und geschafft und dann hieß es aufgrund der derzeitigen Wirtschaftslage wiederum einen neuen Job suchen. Dieser natürlich, wie sollte es anders sein, war wiederum auf ein Jahr befristet. Und in weniger als fünf Wochen neigte auch dieses Jahr sich dem Ende zu und mir würde, wenn ich nicht bald eine neue Anstellung finde, nichts anderes übrig bleiben, als beim Arbeitsmarktservice anzutanzen. Die düsteren Gedanken meine Zukunft betreffend breiteten sich weiter aus. Ein Kopfschütteln brachte mich zurück in die Gegenwart.

Im Duty-Free-Shop besorgte ich einen traditionellen Likör für die Familie meiner guten Freundin, die ich auf dieser Reise besuchte. Anschließend packte ich den Likör in mein Handgepäck. Dies sollte ich bald bereuen. Beim Kontrollpunkt wurde ich etwas streng aus der Menge gefischt und ein Sicherheitsbeamter machte mich darauf aufmerksam, dass ich alle Flüssigkeiten extra vorweisen müsse. Ich verstand somit zwar nicht die von Duty-free-Shop verschweißten Plastiksäckchen, aber was sollte ich tun. Es blieb mir nichts anderes übrig, als den Likör dem Sicherheitsmann auszuhändigen und die 10 Minuten abzuwarten, die dieser dafür benötigten, den Likör mit einer speziellen Maschine auf Sprengstoff hin zu untersuchen. „Macht nichts", dachte ich mir. „Kann ich wenigstens ein Mitbringsel mit einer witzigen Anekdote überreichen." Nach diesem ausführlichen Sicherheitscheck durfte ich mich zum Gate begeben. Ich setzte mich auf einen der Plastikstühle und zückte mein Smartphone, um meinen Status in „Up to the North" zu ändern. Ich war zwar kein großer Fan der sozialen Medien, aber diese gute

Nachricht war es wert zu teilen. Anschließend beobachtete ich meine Mitreisenden.

Ich hatte schon immer ein Fabel für Flughäfen und Bahnhöfe. Mich fasziniert diese Aufbruchsstimmung, die dort in der Luft liegt. Diese Orte sind wie Kreuzungen oder Weggabelungen auf unserem Lebensweg und nicht selten führen die Bahnschienen oder die Flugbahnen geradewegs in einen neuen Lebensabschnitt. Es sind Orte zwischen Anfang und Ende. Wenn ich so zurückdenke, haben Bahnhöfe und Flughäfen schon von je her Kreuzungen für meine Lebensabschnitte dargestellt. Ich erlebte dort Heimweh und Fernweh, Vorfreude und Trauer, Abschied und Heimkommen. Ja, im Herzen wusste ich, dass ich eine Zigeunerseele hatte und doch fragte ich mich, ob ich auf all meinen Reisen nicht doch auf der Suche nach etwas war, das ich für immer „Zuhause" nennen konnte. Ich träumte so vor mich hin und ahnte nicht, dass auch dieses

Mal der Flughafen eine Kreuzung in einen neuen Lebensabschnitt werden würde, einen düsteren, schmerzhaften Lebensabschnitt. Wenig später blinkten die Worte „Boarding" an der Anzeigetafel und ich holte mein Ticket und meinen Pass aus der Tasche hervor.

Ganz plötzlich geriet ich in Atemnot. „Schon wieder", dachte ich mir. In den letzten beiden Wochen in Florenz kämpfte ich öfter mit der Luft. Dieses Problem schrieb ich den heißen Temperaturen, die zu dieser Zeit im Süden Italiens herrschten, zu. Doch jetzt am Flughafen war es eher kühl. Ich näherte mich im Schritttempo dem Boardingpult und die Atemschwierigkeiten nahmen zu. Eigentlich war ich immer schon ein sehr eigenständiger Mensch und auch oft streng zu mir selbst. Diese Situation beunruhigte mich jedoch so sehr, dass ich nochmals zu meinem Smartphone griff, diesmal um die Nummer meiner Mutter zu wählen.

Etwas überrascht ertönte ein „Hallo, bist du noch nicht im Flieger?" vom anderen Ende der Leitung. „Ich bin beim Boarden, aber ich habe wieder solche Schwierigkeiten mit der Luft, fast so wie in Florenz", antwortete ich. „Ach, du bist sicher nur aufgeregt", beruhigte mich meine Mutter sanft und wünschte mir einen guten Flug. „Mach's gut und melde dich kurz, wenn du angekommen bist. Pass auf dich auf". Das war der Beruhigungsversuch meiner Mutter. Aufgeregt? Aber ich war doch Vielfliegerin und diese Art der Aufregung kannte ich überhaupt nicht. Jetzt wurde auch noch meine Zunge taub und kurz darauf kribbelte sie. Nein, das konnte keinesfalls bloß die Aufregung sein. Wahrscheinlich hatte ich eine allergische Reaktion oder ich wurde krank, schoss es mir durch den Kopf.

Naja, was soll's dachte ich mir, fasste mir ein Herz und ging durch die Schleuse in den Flieger. Mein Hals schnürte sich immer mehr zu als ich den Gang in der Maschine entlang schritt. 17C. Also kein Fensterplatz. Das machte die ganze Situation nicht gerade einfacher. Neben mir saß eine junge Mutter mit ihrer circa dreijährigen Tochter. Das kleine Mädchen war sichtlich aufgeregt. Diese Art von Aufregung kannte ich nur zu gut. Das Gefühl etwas Neues zu erleben, in ein Abenteuer aufzubrechen. Ich verspürte diese Aufregung jedes Mal auf meinen Reisen. Langsam schloss ich die Augen und versuchte mich in diese kindliche Aufregung zu versetzten. Es war unmöglich. Die Gedanken: „Ich bekomme keine Luft, was passiert nur mit mir", waren einfach stärker.

Als die Stewardessen die Sicherheitsvorkehrungen vorführten überlegte ich mir, ob diese eine spezielle Erste Hilfe Ausbildung hätten und ich fragte mich, warum es eigentlich keinen eigenen Flugzeugarzt gab. Was passierte zum Beispiel auf Langzeitflügen, wenn ein Passagier mit gesundheitlichen Problemen zu kämpfen hatte. Wochen später erzählte mir mein Großvater, dass der Internist seines Vertrauens ihm einmal erläuterte, dass die Wahrscheinlichkeit, dass ein Arzt oder medizinisches Pflegepersonal im Flieger wären, bei jedem Flug durchschnittlich bei 85% läge. Eine Tatsache, über die man sich ziemlich sicher keine Gedanken macht, bis es einem während eines Fluges richtig schlecht geht.

Das Flugzeug rollte langsam auf die Flugbahn zu. „Ce la puoi fare", schoss es mir durch den Kopf. Diese vier italienischen Worte bedeuteten so viel wie „du schaffst das – alles wird gut". Als endlich das Anschnallsignal über mir ausging, holte ich mein Wasser aus dem Rucksack, doch die Enge im Hals konnte auch dieses nicht vertreiben. Ich machte mich also auf den Weg zur Boardtoilette. „Aaahhhaa" mit weit aufgerissenem Mund starrte ich in den milchigen Spiegel und versuchte dieses Etwas, dieses Druckgefühl im Hals zu erspähen. Doch ich konnte beim besten Willen nichts erkennen. Ich machte mich auf den Weg zurück zu meinem Platz und wiederholte gebetsmühlenartig „Ce la puoi fare – alles wird gut, du wirst und du kannst das schaffen".

Am Platz versuchte ich mich abzulenken, doch das war alles andere als einfach. Die junge Mutter neben mir las ihrer Tochter „Kinderbuchbücher" mit den Titeln „Der kleine Bär im Krankenhaus", „Der kleine Bär beim Zahnarzt" und „Der kleine Bär beim Augenarzt" vor. Ich war entsetzt und fragte mich, ob sich diese Heftchen wirklich Kinderbücher nennen durften. Wo bleiben da Phantasie und Abenteuer? Kein Wunder wenn immer mehr Menschen zu Hypochonder werden, wenn ihnen bereits als Kind solche Geschichten vorgelesen werden. Dazu kam, dass ich mir gerade selbst wie der größte Hypochonder vorkam und dann war ich noch gezwungen, mir Bärengeschichten vom Arzt anzuhören. Leider war mein Ipod nicht in Reichweite, sondern in der Tasche im Gepäcksfach über mir. Fünf Reihen vor mir befanden sich die Stewardessen mit dem Servierwagen. Ich hoffte, dass eine kleine Mahlzeit, solange ich diese gut kaute, vielleicht meinen verrückten Hals beruhigen wurde. Das finnische Schwarzbrot mit dem Lachsaufstrich kaute ich schließlich auch gefühlte 1000 Mal, bevor ich es schluckte. Doch das Engegefühl blieb.

Immer wieder schoss mir durch den Kopf, dass dies wohl der schlimmste Flug meines Lebens wäre und ich hoffte, die Stewardessen hätten eine spezielle Erste Hilfe Ausbildung. Zwei schreckliche Stunden später kam ich in Helsinki am Flughafen an und wählte sofort die Nummer meiner Mutter. Als das Pieps-Signal zum zweiten Mal erklang, dachte ich mir: „Warum rufe ich jetzt meine Mama an, ich hab mich schon in halb Europa alleine rumgeschlagen und es ist nicht das erste Mal, dass ich im Ausland krank wurde. Was sollte sie aus der Ferne für mich tun können? Ich würde sie ja doch nur beunruhigen mit meinem Anruf". Doch dieses Mal war es einfach anders. Ich war so beunruhigt und so erschüttert, weshalb ich froh war, nach ein paar weiteren Piepstönen die Stimme meiner Mutter zu hören. „Es geht mir nicht gut", platzte ich heraus. „Ich bekomme kaum Luft und mein Hals fühlt sich dick und geschwollen an". „Wenn es dir schlecht geht, suche die Erste Hilfe Stelle am Flughafen auf", antwortete meine Mutter. „Aber ich glaube du bist nur übermüdet und aufgeregt", legte sie nach. „Melde dich dann nochmal". Ich begab mich zur Gepäckshalle und wartete dort auf meinen Koffer. Es musste mir sichtlich schlecht gehen, dachte ich mir. Denn der Mann aus Osteuropa mit dem kleine Jungen, die im Bus zum Flughafen neben mir saßen, starrte mich unentwegt an.

Endlich sah ich meinen türkisen Koffer auf dem Rollband. Ich hob ihn vom Band und stellte ihn vor mich hin. Auch das noch! Der Koffer war seitlich an der Schnalle beschädigt. Den Tränen nahe dachte ich bei mir: „Echt jetzt? So ein Scheiß auch. Ein Unglücksfall verläuft aber auch wirklich immer im Dominoeffekt. Das erste Problem stellt sich ein und zieht gleich eine Reihe weiterer mit sich".

Eine Erste Hilfe Stelle konnte ich auf die Schnelle nicht finden, nur eine Apotheke. Der Apothekerin machet ich auf Englisch verständlich, was mir fehlte, doch diese gab unfreundlich zu verstehen, dass sie mir nur Halswehtabletten verkaufen könne. Naja, besser als nichts. Ich nahm die Tabletten und meinen kaputten, viel zu schweren Koffer und machte mich auf die Suche nach dem Flughafenbus, der mich ins Zentrum vom Helsinki bringen sollte.

Der Bus war leicht zu finden. Eines meiner Talente war es, mich in fremden und neuen Umgebungen gut und schnell zurecht zu finden. Es war fast so, als ob ich diesbezüglich einen inneren Kompass besäße. Die Fahrt nach Helsinki verlief ruhig und ich hatte Zeit, meiner Freundin von meinen gesundheitlichen Problemen zu schreiben. Ich spielte es natürlich herunter, schließlich war ich es ja gewohnt, stark, unabhängig und tapfer zu sein. Wahrscheinlich war diese allergische Reaktion nichts anderes als eine weitere Reiseanekdote, über die ich bei meiner Heimreise bereits lachen könnte, versuchte ich meine Freundin und mich zu überzeugen. Auf der Busreise nach Helsinki versuchte ich durch angespanntes aus dem Fenster schauen einen ersten Eindruck von Finnland zu gewinnen. Wälder, Wiesen, Wälder, ein paar Betonklotze...nichts Besonderes. Auch die Straße stadteinwärts zum Hauptbahnhof zeichnete mir keine charakteristischen Gebäude auf. Mein erster

Eindruck war: eine normale nordeuropäische Stadt – ziemlich gewöhnlich und modern.

Was war nur los mit mir, ermahnte ich mich selbst. War es meine missliche gesundheitliche Lage oder war ich einfach noch von meinem Florenzaufenthalt verwöhnt? Irgendwie wollte nicht meine übliche Reisebegeisterung aufkommen. Am Bahnhof angekommen, verstaute ich meinen Koffer in einem Gepäcksfach und besorgte mir ein paar Hustenbonbons in der Hoffnung, den Kloß im Hals einfach weglutschen zu können. Ich hatte noch eineinhalb Stunden Zeit bis mein Zug nach Senäjoki, im Südwesten Finnlands, fahren würde. Somit blieben mir noch viereinhalb Stunden Reisezeit übrig. Der Horrortrip war noch nicht zu Ende. Meine Freundin, ich möchte sie von nun an P. nennen, hatte bereits ihre Mutter, eine Krankenschwerster, über meine Hals- und Luftbeschwerden informiert. Sobald ich in Senäjoki angekommen war, würde ich somit in guten Händen sein. Aber bis dahin musste ich es alleine schaffen.

Ich ging in eine bekannte Nudelkette und machte mit einer deutschen Reiseleiterin Bekanntschaft. Das liebe ich einfach am Reisen. Zwei fremde Menschen teilen sich den Mittagstisch und erzählen sich von ihrem Leben. Ein toller Job, dachte ich mir, während sie mir davon erzählte, wie sie die letzten vier Tage mit einem Mietwagen durch Finnland fuhr, um eine Tour für ihre nächste Reisegruppe zusammen zu stellen. Ich konnte mir sehr gut vorstellen, selbst Reisegruppen in verschiedene Länder zu begleiten. Vielleicht wäre das ja ein neues Standbein für mich. Schließlich würde ich ja bald wieder zwischen zwei Jobs, um nicht arbeitslos sagen zu müssen, sein. Normalerweise hätte ich die eineinhalb Stunden Wartezeit, die ich noch vor mir hatte, genutzt, um mit der deutschen Reisebekanntschaft zu plaudern. Aber meine Gedanken kehren immer wieder zu meiner

Atemnot zurück. Lustlos stach ich in meinem Nudelteller herum und ließ mich von den Erzählungen meiner Tischnachbarin berieseln. Mit einem Blick auf meine Uhr und einer kleinen Notlüge, dass ich meinen Zug erreichen müsste, machte ich mich auf den Weg zur Toilette.

Ahhhaaa. Abermals blickte ich in den Spiegel und meinen Rachen hinunter. Nichts, keine Schwellung, keine belegte Zunge. Trotzdem hätte ich schwören können, ein Tischtennisball steckte in meinem Rachen. Ich ging zurück zum Bahnhof und holte mein Gepäck sowie eine weitere Packung Halsbonbons und setzte mich anschließend auf eine Bank am Bahnsteig. Wie ein nervöses Wrack nahm ich ein Bonbon nach dem anderen in den Mund und blickte immer wieder auf die Uhr. Nach einer Zeit fuhr endlich der Zug ein und ich schleppte mich samt meinem Gepäck auf meinen reservierten Platz.

Ich schloss die Augen und ging in mich. Mit sanfter Strenge ermahnte ich mich selbst: „Ich habe jetzt die Wahl, mich auf diesen scheußlichen Kloß im Hals zu konzentrieren und mich dem Gefühl der Atemnot hinzugeben, oder mich zusammen zu reißen und es zu bekämpfen. Natürlich war ich eine Kämpferin. Ich versuchte also trotz aller Unsicherheit und Todesangst in meine Kraft zu finden. Als erstes kam mir in den Sinn, dass ich mich ablenken sollte. Ablenkung sei immer gut. Ich kramte meinen Ipod aus der Tasche hervor und ging die Playliste durch. Es musste eine meiner Lieblingsbands sein und noch dazu ein aufbauendes und positives Lied. Diese Vorgaben zu erfüllen war bei einem Ipod voller Rockmusik gar nicht so einfach. Meine Lieblingsbands sangen großteils über Freiheit, Identitätskrisen, Freundschaft und die Auf und Abs der Liebe. Nichts, was ich mir im Moment zumuten wollte. Schon fast am Ende der Playliste angekommen entschied ich mich für eine schottische Band: lässige Melodie, ironische Texte, aufbauender Sound – los geht's.

Nein! Drei Lieder später wurde mir klar, dass diese Art der Ablenkung nicht funktionieren würde. Alles woran ich denken konnte war: „Was verdammt noch mal ist los mit mir? Warum bekomme ich keine Luft?" Ich legte den Ipod weg und schloss nochmals die Augen. Yogaatmung würde mein vegetatives Nervensystem beruhigen, da war ich mir sicher. Also begann ich meine Aufmerksamkeit auf meinen Atem zu lenken. In Gedanken predigte ich eine der wohl bekanntesten Yogaphrasen vor mich hin: „Bleib ganz bei deiner Atmung und beobachte, wie sich deine Bauchdecke mit deiner Einatmung hebt und mit deiner Ausatmung senkt. Deine Bauchdecke hebt und senkt sich". Das funktionierte in meinen Yogasessions meist recht gut und manchmal mäßig, wenn mich noch Gedanken vom Alltag geiselten. Doch jetzt, da ich das Gefühl hatte, zu sterben und nicht genug Luft zu bekommen, funktionierte es überhaupt nicht. Wie sollte ich mich auf meine Atmung und meine Bauchdecke konzentrieren, wenn meine stockende Atmung und mein Hals meine ganze Aufmerksamkeit verlangten? Wie sollte ich Ruhe finden, wenn jede Faser meines Körpers angespannt war und ich mich alleine in einem fremden Land befand und mich mein Körper ganz plötzlich im Stich ließ? Ich konnte es nicht, beim besten Willen nicht! Es war unmöglich! Ich riss die Augen wieder auf, griff zum Ipod, schaltete auf Shuffel und blickte aus dem Fenster. Wälder, Wiesen, Seen, Wälder. Zwei Stunden noch, dann würde ich in Senäjoki sein. Und dann? Wie sollte ich eine Woche lang eine Finnlandrundreise machen, wenn mein Körper sich nicht beruhigen würde. „Nein, er wird sich beruhigen", sprach ich mir gut zu. Ich bin einfach nur übermüdet, es waren ein paar anstrengende Monate. Ich sollte versuchen zu schlafen. Doch leider ließ es sich mit einem Kloß im Hals auch nicht gut schlafen und das trotz der einschläfernden Wirkung, die Züge immer schon auf mich hatten.

Als der Zug endlich in Senäjoki einfuhr, ich ausstieg und nach mehr als zwei Jahren (Skype zählt ja nicht wirklich) meine gute Freundin P. wieder sah, konnte ich mich nicht so richtig freuen. Und auch ihr war die Sorge ins Gesicht geschrieben. Gemeinsam mit ihrer Mutter überredeten sie mich kurzerhand ins Krankenhaus zu fahren. Es war Gott sei Dank nicht das erste Mal, dass ich im Ausland medizinische Hilfe benötigte. Mit Gänsehaut dachte ich an meinen Krankenhausaufenthalt in Sofia zurück. Doch ich war mir sicher, dass ein Krankenhausbesuch in Finnland angenehmer sein würde, schließlich handelte es sich dabei um das Land mit dem am meist gepriesensten Gesundheitssystem Europas.

Das Krankenhaus machte einen gepflegten und sehr modernen Eindruck auf mich. Es stellte sich in mir so etwas wie Sicherheit ein. Das erste Mal seit meinem Abflug vor gut 10 Stunden. Ich ging zur Anmeldung in die Notaufnahme und schilderte meine Beschwerden. Das erste von so unzähligen Malen, die in den nächsten Monaten folgen sollten. Die Dame bei der Aufnahme sprach glücklicherweise sehr gutes Englisch und nach meiner detaillierten Schilderung bekam ich auch meine erste Diagnose: Panikattacke. Ich sah sie an und schüttelte den Kopf: „Ich glaube nicht, dass es sich bei meinen Beschwerden um eine Panikattacke handelte. Ich bin Vielfliegerin, Vielreisende und ich freute mich wahnsinnig auf diesen Urlaub, es gab also weit und breit keinen Grund, der eine Panik hätte rechtfertigen oder auslösen können", rechtfertigte ich mich und wunderte mich selbst, woher ich plötzlich diese Kraft nahm. Die Dame an der Anmeldung nickte nur und wies mich an, im Warteraum Platz zu nehmen, um dort auf einen Arzt zu warten. Der Warteraum war leer und meine Freundin, ihre Mutter und ich setzten uns auf die Plastikstühle gegenüber von den Behandlungsräumen. Ich war mir auf einmal ziemlich sicher, dass die Halsschmerzen noch eine Nachwirkung der schlimmen Angina, die mich im letzten Monat für zwei Wochen ins Bett zwang, waren. Ich wollte eine Abklärung meiner Halsschmerzen, ein paar Tabletten und danach endlich meinen Urlaub genießen. Die Tür zum Behandlungszimmer ging auf und ein junger, sehr attraktiver Arzt im weißen Kittel kam heraus. P. und ich blickten ihn an, blickten uns an und dann geschah was nur zwischen guten Freunden passieren kann, wir lachten los. Somit waren jegliche Flirtversuche zwar von vornherein zunichte gemacht, aber was machte das schon. Ich war endlich mental in meinem Urlaub angekommen. Die Mutter meiner Freundin schüttelte ungläubig den Kopf. Da saßen nun zwei Endzwanziger und benahmen sich wie Teenies.

Doch ist nicht genau das das Schöne zwischen Freunden: man kennt einfach kein Alter. Manchmal philosophiert man über das Leben, als wäre man 70, ein andermal startet man Trotzaktionen wie mit 5, dann wieder feiert man die Nacht durch wie mit Anfang 20 oder man kichert eben beim Anblick eines tollen Mannes in einer Situation, die skurriler nicht sein konnte und wie eben nur das Leben sie schreiben kann.

P. zog mich anschließend schrecklich auf: „Wenn du es auf einen feschen finnischen Arzt abgesehen hast, hättest du nicht krank spielen müssen, wir hätten einfach abends in die Bar neben dem Krankenhaus gehen können. Aber gut, wenn wir schon einmal hier sind, frag ihn doch nach seiner Nummer, nur für den Fall, dass es dir in der Nacht schlechter geht." Ich lachte aus ganzem

Herzen und wenigstens für ein paar Minuten vergaß ich beinahe meine Schmerzen.

Der toll aussehende Typ war dann schlussendlich nicht mein behandelnder Arzt. Sonst wäre dieses Buch wahrscheinlich nur eines von vielen - „Sie in misslicher Lage findet ihn, der sie rettet und sie lieben sich bis ans Ende ihrer Tage (oder bis sie sich satt haben, oder einer der beiden ein besseres Angebot annimmt)" - Bücher geworden. Mir war es in dem Moment aber ganz recht, nicht von Dok Beauty untersucht zu werden, es ging mir nämlich wirklich mies. Somit war ich fast froh, als endlich eine junge Ärztin meinen Namen aufrief. Ich blickte P. an und bat sie, mit in den Behandlungsraum zu kommen. Ich fühlte mich schrecklich unselbstständig und dabei konnte ich zu diesem Zeitpunkt noch gar nicht ahnen, wie sehr ich in den nächsten Monaten meine Selbstständigkeit noch zurückstecken würde.

Ich kann nun aus eigener Erfahrung versichern, dass das finnische Gesundheitssystem all seine Lobeshymnen wirklich verdient. Binnen kürzester Zeit wurde mir Blut abgenommen, mein Hals auf Bakterien hin untersucht und meine (nicht vorhandene) Krankheitsgeschichte erhoben. Und die junge Assistenzärztin bemühte sich herzzerreißend, mir unter Zuhilfenahme von Google Translator alle Vorgänge auf Englisch zu erklären.

Ernüchterung brachte lediglich das Ergebnis: Nichts. Es fehlte mir anscheinend rein gar nichts. Keine Restinfektion von der Angina, keine neue Infektion, keine allergische Reaktion, keine Schwellung der Lymphknoten – Nichts. Und trotzdem fühlte ich Etwas in meinem Hals. Ich beschloss das Ergebnis hinzunehmen und mich erst mal so richtig auszuschlafen. Wir fuhren somit in das Elternhaus von P. Die Autofahrt verlief ruhig. Ich wusste nicht was ich sagen sollte. Die

Tatsache, dass das Labor im Krankenhaus nichts ergeben hatte verwirrte mich anstatt mich zu beruhigen. Wie konnte das sein? Ich fühlte doch diese Schwellung im Hals, die mir das Atmen und Schlucken erschwerte. Meine Gedanken kreisten. Aussprechen wollte ich sie jedoch nicht. Obwohl es sich bei P. um eine meiner besten Freundinnen handelte, war es mir unangenehm, auf Besuch zu kommen und mich wegen gesundheitlicher Sorgen zu beklagen. Noch dazu wenn im Krankenhaus kein Problem festgestellt werden konnte. Ich war verunsichert und müde und wollte nur noch ins Bett in der Hoffnung, der Schlaf würde mir Erleichterung bringen. Als wir im Elternhaus von P. ankamen war es kurz nach Mitternacht. Ich zog mich ins Gästezimmer zurück, doch an Schlaf war nicht zu denken. Ich wusste einfach nicht, wie ich meinen Kopf am besten auf dem Kissen positionieren sollte, um nicht das Gefühl, der Kloß im Hals würde mich ersticken, noch zu verstärken.

Irgendwann musste ich vor Erschöpfung dann doch eingeschlafen sein, denn das Nächste, an das ich mich erinnern konnte, war ein Klopfen an der Tür, das mich weckte. Die erste Frage, die mir am Frühstückstisch nach einem herzlichen guten Morgen gestellt wurde, war natürlich wie es mir heute ginge. Ja, wie ging es mir? Ich war müde, kraftlos und das unangenehme Gefühl im Hals war weiterhin vorhanden. Und trotz all dem Unbehagen kam ein „besser", aus meinem Mund, gefolgt von einem gezwungenen Lächeln. Warum ich nicht die Wahrheit über mein Befinden aussprach? Das war eine Frage, die ich mir in den folgenden Monaten oft stellte. An diesem Morgen im südwestlichen Teil Finnlands in der liebevoll eingerichteten rustikalen Küche am gedeckten Frühstückstisch war die Antwort darauf wohl: „Weil ich gut erzogen war." Ich war Gast und wollte meine lieben Gastgeber nicht beunruhigen oder ihnen nach dem

Abend im Krankenhaus weitere Unannehmlichkeiten bereiten. Schließlich musste ich mich nur sieben Tage zusammenreißen und dann konnte ich mich, falls es mir noch schlecht gehen würde, was ich natürlich nicht hoffte, ausruhen und mich von meiner Familie umsorgen lassen.

Sieben Tage, was sind schon sieben Tage. Vor allem wenn man sich im Urlaub befindet, vergehen sieben Tage wie im Fluge. Doch diese sieben Tage in Finnland sollten sich für mich länger als sieben Wochen anfühlen.

Nach dem ausgiebigen Frühstück fuhren P. und ich in eine Einkaufsstadt, die wie ein kleines Dorf aufgebaut war. Auf der Autofahrt dorthin vergaß ich fast meinen Kloß im Hals, zu sehr war ich von der Weite dieses Landes eingenommen. Als wir jedoch durch die Einkaufsstadt schlenderten, kam die Enge zurück und mein Hals schnürte sich zu. Ich versuchte wiederum dagegen anzukämpfen:

Yogaatmung – Autosuggestion „Alles ist gut. Ich bekomme ausreichend Luft" – Ablenkung. Nichts half, weshalb ich mich nach einer guten Stunde durchrang und P. gestand, dass es mir abermals nicht gut ging. Sie war sichtlich besorgt, schließlich kannte sie mich so gar nicht. Ihre Augen spiegelten ihre Unbeholfenheit und ihre Überforderung wider. Ich konnte mich nicht daran erinnern, je so angeblickt worden zu sein. Ich, die Starke, die Organisierte, die Lösungsorientierte, die Trösterin. Ich habe in den letzten Jahren oft erfahren, dass mich Menschen hilfesuchend, hilfeerwartend anblickten, nie jedoch, dass man mich mit ängstlichen und ratlosen Augen anblickte. Ganz plötzlich war ich die Hilfesuchende und all die Hilfe, die Fürsorge, die Tipps und die Lösungen, die ich anbot, die ich spendete, sollten mir in der nächsten Zeit entweder verwehrt werden, weil mein Gegenüber einfach mit mir überfordert war, oder eimerweise auf mich einströmen, so dass ich nicht in der Lage sein konnte, sie auf- oder anzunehmen.

Meine Freundin schlug mir damals vor, dass wir uns hinsetzen, ein Eis essen und etwas trinken sollten. Sie versuchte mich damit zu beruhigen, dass ich vielleicht nur eine kleine Kreislaufschwäche hätte oder mir einfach die Menschenmenge zu viel geworden wäre. Ich jedoch fühlte zu diesem Zeitpunkt das erste Mal ganz klar: „Irgendetwas ist nicht in Ordnung". Irgendetwas ist MIT MIR nicht in Ordnung".

Den restlichen Tag versuchte ich mich abzulenken, indem ich mich mit aller Mühe auf die Schönheit Finnlands konzentrierte. Ich saugte alles auf: die roten Holzhäuser, die dichten Nadelbaumwälder, die unzähligen kleinen Seen, die sanfte Brise, die blumenübersäten Wiesen.

Gott, ich liebte es zu reisen. Wenn ich reiste, war ich einfach in meinem Element. Umso weniger konnte ich mir erklären, warum mein Körper begann verrückt zu spielen und mir meine wunderbare Finnlandreise somit vermieste. Der Kloß im Hals ließ nicht nach und so verbrachte ich auch die folgende Nacht nur mit ein paar Stunden Schlaf. Ich blickte die halbe Nacht aus dem Fenster, fasziniert von der Sonne, die ebenfalls nicht schlief. Aufgrund der Tag- und Nachtgleiche war es schwierig festzustellen, wie spät es war ohne dafür auf die Uhr sehen zu müssen.

Als ich am Morgen aufwachte, war der Kloß in meiner rechten Halshälfte verschwunden. Tiefe Erleichterung begann sich in mir breit zu machen. Ich hatte es – was immer „ES" auch war – überstanden. Ich stand auf und ging ins Bad. Gut gelaunt steckte ich den Zahnbürstenkopf auf meine elektrische Zahnbürste. Jetzt konnte ich doch noch meine Reise genießen, freute ich mich. Doch die Freude währte kurz. So kurz, dass sich die Erleichterung nicht einmal vollständig in meinem Körper einnisten konnte. Noch bevor das 2-Minuten Zeichen meiner Zahnbürste einsetzte, wurde ich eines besseren belehrt. Gerade so, als ob mein Körper mir sagen wollte: „So schnell kommst du mir nicht davon". Mit einem Mal fühlte sich meine rechte Gesichtshälfte taub an, ich hatte einen Tunnelblick und es fühlte sich an, als ob der rechte Teil meines Gesichts nicht mehr zu mir gehören würde. Trotz der Panik die in mir hoch stieg, versuchte ich strategisch zu denken, ebenso wie ich es gewohnt war. Möglichkeit Nummer eins war, dass ich meine Kontaktlinsen vertauscht habe, das würde zumindest den Tunnelblick erklären. Kaum fertig gedacht, wechselte ich auch schon meine Kontaktlinsen hin und her – vergeblich. Möglichkeit Nummer zwei war, dass ich in der Nacht aus Angst, ich könnte an dem Kloß in meinem Hals ersticken, derart verdreht in meinem Bett gelegen war, dass sich meine

Schultern und mein Hals bis zu meinem Gesicht hin verkrampft haben. Ich machte ein paar Dehnübungen, massierte mir den Halsbereich und erhoffte mir Erleichterung. Diese trat nicht ein. „Naja, diese Verspannung wird sich schon auflösen", beruhigte ich mich. Doch da war es wieder dieses Gefühl: „Irgendetwas ist nicht in Ordnung mit mir".

Die darauffolgenden Urlaubstage waren grauenhaft. So sehr ich mich auch bemühte, mich auf die Sehenswürdigkeiten zu konzentrieren und die Zeit mit meiner guten Freundin zu genießen, es gelang mir nicht. Meine Symptome wechselten zwischen Halsschmerzen, Luftproblemen und dieser seltsamen Kopfschmerzart mit Sehschwierigkeiten hin und her. Und je länger die Symptome anhielten, desto wütender wurde ich auf meinen Körper und desto mehr verlor ich das Vertrauen in mich. Wie konnte es sein, dass ich von normal, ja ich würde sogar sagen extrem belastbar und stark, auf einmal auf verrückt umgestellt wurde. Den Kampf, den ich in diesen sieben Tagen kämpfte, kämpfte ich weitgehend alleine. Ich wollte P. nicht beunruhigen und noch weniger wollte ich ihr den Urlaub vermiesen, schließlich war es auch ihre Reise. Ich bemühte mich somit, so wie immer zu sein. Ich lächelte und scherzte, während in mir Sorgen, Ängste und Zweifel herumspukten. Dieses Spiel zwischen Sein und Schein kostete jede Menge Kraft. Kraft, die ich sowieso kaum hatte. Gegen Ende der Woche zählte ich nur mehr die Stunden bis zum Heimflug. Ich wollte nur noch nach Hause und ins Krankenhaus, weil ich einfach krank sein musste, es gab keinen Zweifel daran. Es war nicht möglich, dass ich plötzlich allerlei körperliche Symptome bekam und das ohne jeglichen Grund.

Aber so sehr ich die Heimreise herbeisehnte, so sehr fürchtete ich den Rückflug. Ich hatte Angst alleine zu sein, da ich mir und meinem

Körper nicht mehr vertraute. Ja, ich hatte riesige Angst zusammen zu brechen und in diesem Augenblick ganz alleine zu sein. Als mir diese Angst zum ersten Mal bewusst wurde, konnte ich mir ein innerliches bitteres, wenn nicht sogar sarkastisches Lächeln nicht verkneifen. Ich und Angst vorm alleine sein? Mit jungen 14 Jahren habe ich mein behütetes Nest verlassen und bin zum ersten Mal ins Ausland gegangen, um dort zu leben. 14 Jahre, anderes Land, andere Kultur und eine fremde Sprache und ich hatte keine Angst. Ich war nervös ja, aber Angst oder Heimweh hatte ich nicht. Nun bin ich doppelt so alt, war die letzten 14 Jahre ständig „unterwegs", wie ich es so gerne nannte und das überwiegend alleine, und plötzlich machte mir das Alleinesein Angst. Mein Verstand wollte und konnte das nicht begreifen. Doch die Angst vorm Alleinesein war zu stark, als dass ich sie hätte verleugnen können.

Ich war einfach nicht mehr ich selbst und ich versuchte alles, um wieder klar zu werden. Ich nahm kalte Duschen, bat P. mich zu schütteln und wollte in Helsinki sogar mit der schlimmsten und schnellsten finnischen Achterbahn fahren, nur um wieder zu mir zu kommen. All meine Versuche Frau über mich und meinen Körper zu werden, waren vergebens und somit war ich dankbar, als P. mich am Tag der Abreise zum Flughafen brachte und mit mir bis zum Boarding wartete.

Zu diesem Zeitpunkt hatte ich bereits sechs Tage nicht geschlafen. Ich kam einfach nicht zur Ruhe. Sobald ich eindöste, fing mein Herz an zu rasen und meine Glieder zuckten und ich wachte sofort wieder auf. Meine Angst nicht mehr Aufzuwachen war zu groß. Die Müdigkeit, die sich in den vergangenen Tagen angehäuft hatte, kam mir am Rückflug zugute. Ich war schon fast zu müde, um beunruhigt zu sein und ich wusste, ich müsste nur 2 Stunden und 50 Minuten durchhalten und dann würde sich meine Familie um mich kümmern. Ja, ich wollte dass sich jemand um mich kümmerte.

Kapitel 3 - Ärztemarathon

Die schulmedizinische Schiene

Am Flughafen angekommen umarmte ich meine Mutter. Erleichterung überkam mich und ich erlaubte mir ein paar Tränen. Das erste Mal seit Beginn der Symptome weinte ich. Zuvor war es mir aus Angst, die Tränen würden meine Situation noch schlimmer machen, nicht möglich zu weinen. Meine Mutter drückte mich fest an sich und ein kleiner Funke Hoffnung wurde entzündet. Egal was „es" war, ich war nicht alleine und mit der Hilfe meiner Familie würde ich es überstehen.

Als mich meine Mutter ein wenig von sich wegzog ohne die Arme um meine Schultern zu lösen, sah ich die Sorge, die ihr im Gesicht stand. Später schilderte sie mir ihren Schrecken bei meiner Ankunft. Für sie sah ich aus wie der Tod in Person: meine rechte

Gesichtshälfte war schlaff und mein rechtes Augenlid hing deutlich herunter. Ihr erster Gedanke war, dass ich einen kleinen Schlaganfall gehabt hätte. Deshalb packte sie mich auch ins Auto und fuhr mit mir ins Krankenhaus.

In der Notaufnahme für Neurologie schilderte ich die Vorkommnisse der letzten sieben Tage, meine Kopfschmerzen und mein Taubheitsgefühl. Die Ärztin machte einen neurologischen Test und überprüfte meine Reflexe: ein Schlag mit einem kleinen Hammer auf jedes Knie, die Knöchel und meine Ellenbogen. Anschließend musste ich mit meinem Zeigefinger meine Nasenspitze berühren und auf einem Bein stehen. Ich ließ alles über mich ergehen in der Hoffnung, bald Antworten zu bekommen. Die Ärztin schickte mich zur Computertomographie und bestellte die Oberärztin der Neurologie auf die Station. Die CT war ohne Befund und eine ziemlich resche Oberärztin fragte mich, warum ich keine Schmerzmittel genommen hätte, wenn ich seit sechs Tagen Dauerkopfschmerzen hatte. Natürlich erklärte ich ihr, dass ich ohne Abklärung meiner Schmerzen im Ausland nicht ohne weiteres zur Selbstmedikation greifen wollte. Meine Erklärung schien ihr dann doch einzuleuchten. Sie erklärte mir, dass ich keinen Tumor hätte, ich jedoch zur Sicherheit noch eine Magnetresonanztomographie meines Schädels machen lassen sollte. Mit MRT-Überweisung und Schmerztabletten wurde ich nach Hause geschickt. Meine Schmerzen und meine Beunruhigung blieben. Ich hatte Glück und bekam für den nächsten Tag dank der Intervention eines Bekannten meiner Mutter einen MRT-Termin. Bereits da wurde mir klar, wie vorteilhaft und gleichzeitig wie unfair es doch war, auf Kontakte im Gesundheitswesen zurückgreifen zu können. Doch in diesem Moment siegte die Sorge um mich selbst über meine sonst so gerechtigkeitsliebende Art.

Im Wartezimmer des Diagnoseinstitutes fragte mich meine Mutter, ob ich mir Sorgen bezüglich des Befundes machte. Meine ehrliche Antwort war: Nein. Ich hatte keine Angst vor einer schlimmen Diagnose, ich hatte lediglich Angst, keine Diagnose zu bekommen. Denn keine Diagnose zu bekommen und weiterhin Schmerzen zu haben würde meines Erachtens bedeuten, ich würde mir alles nur einbilden. Nur wie könnte ich mir diese höllischen Schmerzen einbilden? Ihre Intensität müsste doch ihre Realität bezeugen.

Die MRT dauerte 20 Minuten. Ich war schon früher ungern in engen Räumen. Bis dahin war dies meine einzige Phobie, die auf eine Minenführung mit zu vielen Touristen in meiner Kindheit zurückzuführen war und die mich nicht weiter beeinträchtigte. Die 20 Minuten in dem sargähnlichen MRT-Gerät mit Kopfschmerzen und Atembeschwerden waren schrecklich. Es war schon sehr verlockend, den Notfallknopf in meiner rechten Hand zu drücken. Doch ich wusste, dass das nur bedeuten würde, dass ich mich nochmals in die Röhre begeben müsste und die Prozedur von vorne beginnen würde. Somit hielt ich durch und richtete meine ganze Aufmerksamkeit auf die Lieder aus dem Kopfhörer, der als Lärmschutz gedacht war. Nach einer gefühlten Ewigkeit zog die MRT-Assistentin mich aus der Röhre. Aber leider nur um mir mitzuteilen, dass mir ein Kontrastmittel gespritzt werden würde und ich nochmals zehn Minuten in der Röhre verbringen müsse. Jetzt machte sich doch Sorge in mir breit, denn zuvor wurde mir erklärt, dass die Verabreichung eines Kontrastmittels nur bei entzündlichem Geschehen nötig sei. Am Nachmittag sollte ich mehr erfahren, denn da stand mein erster Termin bei einem Neurologen an.

Eine weitere Stunde später wurde mir mein MRT-Befund ausgehändigt. Dieser führte als

Diagnose eine Strukturveränderung in der rechten Gehirnhälfte an. Ich reagierte darauf als die Juristin, die ich nun einmal war: Sachverhalt – Tatbestand - Subsumption (Schlussfolgerung) das heißt Kopfschmerzen rechts – Strukturveränderung rechts – das müsste „es" sein.

Die Neurologen einschließlich dem, den ich an diesem Nachmittag aufsuchte dachten bzw. analysierten leider nicht nach diesen drei juristischen Schritten. Dafür schienen Psychologen, wie ich später erfahren sollte, ähnlich wie Juristen eine Art Subsumption durchzuführen. Diesmal wie ich finde, oft zu Unrecht. Aber zu der Tatsache, dass der Mensch, dessen Befindlichkeit und Krankheit nicht wie ein Sachverhalt analysiert werden kann und wie ich das lernen musste, mehr an anderer Stelle.

An diesem sommerlichen Nachmittag saß ich also das erste Mal in einer neurologischen

Praxis. Mein Blick schweifte durch das Wartezimmer. Abbildungen von Buddha, übereinander gestapelten Steinen, fließendem Wasser und was es sonst noch alles gab, um Ruhe und Gelassenheit zu suggerieren, hingen an den Wänden. Dass auch noch zwei weitere neurologische Praxiswartezimmer, die ich in den nächsten Monaten aufsuchen würde, diesem glichen, sollte kein Zufall sein. Schließlich lagen fernöstliche Lehren und Philosophien zur Beruhigung des Geistes stark im Trend. Ich bedaure nur, dass die fernöstliche Einstellung nicht bis in die Behandlungsräume vorgedrungen ist. Dort nämlich vermisste ich buddhistische und hinduistische Werte wie Güte, Verständnis, Aufmerksamkeit, Ruhe und Geduld.

Die Untersuchung beim Neurologen lief ähnlich wie im Krankenhaus ab: ein neurologischer Reflextest, den ich nun schon kannte, die Besprechung meines MRT-Befundes und das Zücken des Rezeptblockes.

Der Arzt erklärte mir, dass die Strukturveränderung in meinem Gehirn nicht weiter ungewöhnlich sei und wahrscheinlich von einer übergangenen Grippe käme. Meine Kopfschmerzen, so führte er weiter aus, wären stressinduzierte Migräne mit Aura. „Aha!", sagte ich. „Nein sicher nicht!", dachte ich. Ich kannte Migränekopfschmerzen bereits. Schließlich hatte ich sie hormonell bedingt einmal im Monat an einem Tag. Und ich wusste, dass diese neue Art von Kopfschmerz keinesfalls einer Migräne glich. Ich verließ unbefriedigt und niedergeschlagen mit einem Rezept, welches weitere Schmerztabletten, Schlaftabletten und Psychopharmaka verordnete, in der Hand die Arztpraxis.

Ich sah ein, dass mir der Arzt Schmerztabletten verschrieben hat, doch konnte ich mir beim besten Willen nicht erklären, warum ich plötzlich Schlaftabletten und Psychopharmaka benötigen würde. Vor zehn Tagen noch war ich eine völlig normale Endzwanzigerin, die ohne jegliche Medikamente auskam und ganz plötzlich müsse ich ruhiggestellt und zu gedröhnt werden? Ich weigerte mich strikt die Psychopharmaka zu nehmen, da sie mir meines Erachtens viel zu schnell und ohne ausreichende Erklärung betreffend der Nebenwirkungen sowie der irgendwann anstehenden Absetzung gegeben wurden. Die Schmerztabletten nahm ich eine Woche lang ohne jeglichen Effekt. Sie brachten mir nicht einmal minimale Erleichterung, dafür aber Übelkeit.

In den nächsten Wochen verschlimmerten sich die Schmerzen rasant. Ich versuchte meinem Körper Ruhe und Erholung zu gönnen, zog wieder bei meiner Mutter ein, um nicht alleine zu sein und ließ mich von einer ausgezeichneten Masseurin massieren, um meine Verspannungen im Schulter- und Nackenbereich zu lockern. Des Weiteren bekam ich auch eine Dorn-Breuss Massage, um etwaige Wirbelverschiebungen zu korrigieren. Nichts, aber auch wirklich nichts, half! Nach jeder Massage waren meine Kopfschmerzen schlimmer als zuvor. Manchmal morgens ließ die Intensität der Schmerzen etwas nach, aber sie verschwanden nie. Von dem Tag an, als sie im südwestlichen Teil Finnlands im kleinen Bad eines blau gestrichenen Holzhauses über mich herfielen, waren die Schmerzen meine ständigen Begleiter.

Zwei Wochen später schickte mich meine Hausärztin abermals zu einem Neurologen. Diesen Besuch hätte ich mir wirklich gerne erspart, aber damals schien es mir eine gute Idee, eine weitere Meinung einzuholen, ließen mir doch die Schmerzen keine Ruhe. Als der Neurologe endlich sein privates Telefonat mit seiner Putzfrau, die anscheinend sein Ferienhaus nicht zufriedenstellend geputzt hatte, beendete, erklärte er mir nüchtern, dass er mir nicht sagen könne, was die Strukturveränderung in meinem Gehirn wäre. Wenn der Radiologe das Geschehen nicht nähere diagnostizieren könne, dann wäre es ihm ebenso wenig möglich. Er empfahl mir ein weiteres MRT zu machen, diesmal von meiner Halswirbelsäule sowie den Halsorganen. Ich bekam eine Überweisung und ein weiteres Rezept für Schmerztabletten und fertig war der Arztbesuch.

Ich bin dankbar, dass ich bei all meinen Arztbesuchen immer von einem Familienangehörigen begleitet wurde, andernfalls hätte mir einige sonderliche Besuche wahrscheinlich niemand wirklich geglaubt. Es ist glaube ich fast hinfällig zu erwähnen, wie wenig ich mich über einen abermaligen Aufenthalt in der MRT-Röhre freute. Aber es blieb mir nichts anderes übrig. Und der Befund dieser Untersuchung ergab – welch eine Überraschung – wieder keine Ungewöhnlichkeiten.

Einen guten Monat später schickte mich mein Internist zu einem weiteren Neurologen. Dieser machte zum ersten Mal ein EEG, das meine Hirnwellen maß, mich jedoch auch 300 Euro kostete. In seinem mit Buddhabildern dekorierten Büro erklärte er mir dann ausführlich, was ich alles nicht habe und das ich, um die Schmerzen in den Griff zu bekommen, eine medikamentöse Einstellung brauchen würde. Als ich abermals das Wort Medikament hörte, stellte es mir die Haare auf. Ich erklärte dem Arzt, dass ich wirklich nur das Notwendigste nehmen wollte und ich zusätzlich auf alternativ-medizinischem Wege versuchen würde, schmerzfrei zu werden. Zu diesem Zeitpunkt war mir bereits bewusst, dass auch wenn mein Körper verrückt spielte und mir höllische Schmerzen bereitete, die mich fast in den Wahnsinn trieben, er doch selbst wieder in seine Balance finden müsse. Es war somit nach meinem Verständnis damals kontraproduktiv, meinem Körper alle paar Wochen neue Medikamente zu zumuten.

Ich war schließlich kein Versuchskaninchen. Zudem war es mir nicht klar, wie mein Körper je wieder in seinen ursprünglichen Zustand finden sollte, wenn er plötzlich von außen alle möglichen Chemikalien bekam. Der Neurologe willigte ein und gab mir nur ein Muskelrelaxant.

Ich schildere hier nur meine Erfahrungen, die ich mit den Ärzten gemacht habe. Ich bin mir bewusst, dass es auch immer eine zweite Seite, eine zweite Meinung - ihre Meinung - gibt. Und bis zu einem gewissen Grad hatte ich, die ich hilfesuchend von Schmerzen geplagt vor ihnen saß, für die meisten von ihnen sogar Verständnis. Ich bin mir durchaus bewusst, wie paradox das klingen mag. Aber so war es eben. Ich hatte nie gesundheitliche Probleme, keinen Hausarzt, der mich mein Leben lang kannte, dafür war ich einfach zu viel im Ausland. Es gab also keinen Arzt, zu dem ich richtig Vertrauen aufgebaut hatte. Niemanden, der mich kannte bevor ich diese Kopfschmerzen bekam und niemand, der ein bisschen über mein Leben oder zumindest über die letzten Jahre Bescheid wusste. Aufgrund all dieser Tatsachen saßen sich bei meinen Arztbesuchen zwei Fremde gegenüber. Auf der einen Seite ein Arzt, vielleicht sogar unter Zeitdruck, der nur kurz meine Geschichte anhörte und offenbar folgende Fakten besonders herausstechend fand: Stress und Jobsuche. Zudem sah er vor sich das Häufchen Elend sitzen, das ich zu dieser Zeit war. Auf der anderen Seite befand ich mich mit wahnsinnigen Kopfschmerzen, meist begleitet von einem Elternteil, beunruhigt, erklärend und mich rechtfertigend. Ich erläuterte, dass ich bis vor kurzem noch „normal" war oder was man in unserer Gesellschaft darunter versteht: ich habe studiert, gearbeitet, viel im Ausland gelebt, bin stressresistent, habe einen Freundeskreis und bin einigermaßen glücklich mit meinen Leben. Zudem hörte ich mich immer sagen, dass ich mir das, was mit mir passiert war, einfach nicht erklären kann, dass das einfach nicht ich bin.

Wie bereits erwähnt wäre vieles einfacher gewesen, hätte mich wenigstens ein Arzt schon länger, schon vor den Schmerzen, gekannt. Das hätte mir viel Kraft erspart, die ich dafür aufwenden musste, mich immer und immer wieder zu erklären und zu rechtfertigen und zu betonen, dass ich eigentlich nicht dieses Häufchen Elend bin. Aber da dem nicht so war, war es wohl für den Arzt und für mich schwierig, in so kurzer Zeit eine Diagnose zu stellen. Und ich sage absichtlich für den Arzt und für mich. Zu dem Wort Diagnose fiel mir nämlich in dieser Zeit wieder ein, was ich in meinem altgriechischen Unterricht gelernt hatte. Διαγνοσι ist ein zusammengesetztes Wort aus δια– durch und ψνοσι- Erkenntnis. Es bedarf somit bei der Erstellung einer Diagnose meines Erachtens eines Zusammenspiels von Arzt und

Patienten. Nur wenn der Patient Einblick gewährt und der Arzt durch Fragen, Beobachten und Fühlen die richtigen Schlüsse zieht, kann eine gelungene und für beide Seiten zufriedenstellende Erkenntnis und somit Diagnose gewonnen werden. Und dazu braucht es meines Erachtens gegenseitigen Respekt, Vertrauen, Zeit und Güte.

Falls Sie Arzt sind, haben Sie sich für einen sehr verantwortungsvollen und edlen Beruf entschieden. Ich bin mir sicher, dass die Motivation hinter ihrer Entscheidung der Wunsch zu Helfen war. Sie haben sich während des Studiums, des Turnus, der Facharztausbildung und in Fortbildungen jede Menge Wissen angeeignet. Ich erlaube mir, Sie hier zu bitten, dass Sie dieses Wissen auf ihre Patienten, auf den Mensch vor Ihnen anwenden und nicht den Menschen in Ihr Wissen einordnen. Das macht einen großen Unterschied und ich glaube, Sie wissen was ich meine. Erinnern Sie sich, dass am Anfang, vor all dem Wissen, der Wunsch zu helfen stand.

Die Liste der schulmedizinischen Anlaufstellen hörte natürlich nicht bei Hausarzt, Internist und Neurologen auf, sondern beinhaltet noch einen HNO-Arzt, einen Augenarzt, einen weiteren Internisten und einen Orthopäden.

Alternativmedizin und andere Heilmethoden

Da mir die Schulmedizin nicht die erhofften Antworten lieferte und meine Kopfschmerzen gar nicht nachließen und sich zu ihnen noch weitere Symptome wie Kribbeln in den Extremitäten und Schüttelfrost gesellten, begann ich mich über alternative Medizin und andere Heilmethoden zu informieren. Ich praktizierte bereits seit einigen Jahren Yoga und das Zusammenspiel beziehungsweise das 3-Ebenensystem von Körper, Geist und Seele war mir bekannt und auch in meinem Konzept von Heilung verankert.

Meine Symptome spielten sich in den ersten Monaten überwiegend auf der körperlichen Ebene, der Ebene, für die nach meinem damaligen Verständnis die Schulmedizin zuständig war, ab. Zumal die Schulmedizin jedoch keine Diagnose stellen konnte, war es für mich an der Zeit, die Lösung meines gesundheitlichen Problems auf den beiden anderen Ebenen – Geist und Seele – zu suchen.

Ich war zu diesem Zeitpunkt um nichts in der Welt bereit, eine Psychotherapie zu machen. Denn ich hatte kein seelisches Problem, dessen war ich mir sicher. Ich hatte eine behütete Kindheit. Ja, meine Eltern ließen sich zwar scheiden, doch das ist heutzutage sowieso Standard und außerdem war ich zu diesem Zeitpunkt schon längst ausgezogen und erwachsen. Zudem habe ich ein sehr gutes Verhältnis zu beiden Elternteilen. Ja, ich hatte nach dem Studium nur befristete Jobs und ja, Existenzängste sind in den letzten drei Jahren meine ständigen Wegbegleiter gewesen, aber es geht schließlich vielen meiner Generation so. Ich war mir also sicher, dass ich keine Therapie brauchen würde! Zudem sträubte ich mich richtig dagegen. Ich hatte keine Lust, alte Geschichten aufzuwärmen, wenn alles, woran ich denken konnte, meine Kopfschmerzen waren und der Wunsch, wieder gesund und fit zu sein, wieder mein Leben zurück zu bekommen, wieder zu arbeiten. Es stand also fest: alles, nur keine Therapie.

Um also einen Zugang zu meinem Geist und meiner Seele zu finden, probierte ich verschiedenste alternativmedizinische Verfahren aus. Am Anfang versuchte ich Heilung durch die Lehre der Traditionellen

Chinesischen Medizin (TCM) zu erlangen. Anschließend besuchte ich craniosacrale und ostheopatische Sitzungen sowie einen Spezialisten für Muskelerkrankungen und letztlich eine Homöopathin.

All diesen Verfahren war eines gemeinsam: Der Arzt oder Behandelnde hörte zu! Als Patientin wurde mir das Gefühl vermittelt, verstanden zu werden, etwas was ich in der Schulmedizin so sehr vermisste. Die Sitzungen unterlagen keinem Zeitlimit, weshalb eine ausführliche Anamnese möglich war. Der Nachteil war natürlich, dass es sich hierbei um Wahl- und Privatärzte handelte, deren Honorar halbstündlich verrechnet wurde. Dies bedeutete eine große finanzielle Belastung. Ich nahm diese auf mich, in der festen Überzeugung, dass eines der Verfahren helfen müsse und ich anschließend sofort wieder eine Arbeit aufnehmen könne und die roten Zahlen am Konto sich in grüne verwandeln würden. Eine weitere

Gemeinsamkeit, die ich bei den alternativmedizinischen Verfahren feststellen konnte, waren die Erklärungen über das Zusammenspiel von Körper, Geist und Seele. Den ausführlichen und oft anschaulichen Erklärungen folgte schließlich ein Plan. Ein Plan, wie Heilung und Balance wieder hergestellt werden konnten. Unterstützt wurde dieser Plan noch durch Erfahrungsberichte, die sowohl vom Behandelnden erzählt wurden, als auch auf der Homepage angeführt waren.

Die drei Komponenten Erklärung – Plan – Erfolgsgeschichten gaben mir Hoffnung und das Gefühl, nicht mehr mit meinem Leid allein zu sein.

In meiner Krise lernte ich, wie stark Hoffnung sein konnte: sie ließ mich durchhalten, spornte mich an, alle Ernährungs- , Bewegungs- sowie Entspannungsvorgaben und Tipps einzuhalten und lehrte mich, bis zu einem gewissen Grad geduldig zu sein. Ebenso wie ich die Stärke von Hoffnung kennenlernte, musste ich auch die schmerzliche Erfahrung machen, wie vernichtend Enttäuschung sein kann.

Es dauerte nie lange, bis nach ein paar Sitzungen einer Therapieform die herbe Enttäuschung an meine Tür klopfte. Ich glaube, dass jeder Laie sich vorstellen kann, wie verheerend dieses Wechselspiel zwischen dem Hoch, geprägt von Hoffnung und dem Tief, gezeichnet von Verzweiflung und Enttäuschung, für meinen damals so wie so bereits von Schmerzen geplagten Körper bedeutete. Zu diesem Auf und Ab trugen die Therapeuten beziehungsweise Ärzte ihren und ich meinen Teil bei. Ich traute mich meist erst beim dritten Mal offen und ehrlich zu sagen, dass die Anwendungen und Behandlungen meinen Schmerzen nicht entgegen wirkten. Zu sehr wollte ich, dass es funktionierte, zu sehr wollte ich wieder gesund sein, als dass ich den Mut aufbrachte nach der ersten Behandlung zu sagen, dass diese mir nicht geholfen hatte. Somit antwortete ich auf die Frage des Arztes oder Heilpraktikers, wie es mir jetzt nach der Behandlung ginge, immer: Ein wenig besser. Es war dieser Funke Hoffnung in mir, der mich dieses „Ein wenig besser" aussprechen ließ. Als ich jedoch auch nach der dritten Sitzung noch keine deutliche Verbesserung verspürte und meine Hoffnung von finanziellen Sorgen getrübt war, überwand ich mich und erklärte, dass es mir kaum bis gar nicht besser gehen würde. Plötzlich wurden die Erklärungen des Arztes oder Therapeuten, die ich zuvor so sehr mochte, von Unverständnis abgelöst. Die Pläne wurden geändert und angepasst und die Erfolgsgeschichten der anderen Patienten verwandelten sich in Vorwürfe: „Es muss aber ein wenig funktioniert haben. Es funktioniert immer. Das habe ich noch bei keinem anderen Patienten erlebt."

Ich, die ich immer mein Ziel erreichte, die ich nach Bemühungen immer Ergebnisse sah, versagte auf einmal. Im wichtigsten Kampf meines Lebens, den Kampf um meine Gesundheit und mein Wohlbefinden scheiterte ich. Ich fühlte mich wiederum allein gelassen und mit der Erkenntnis, dass diese Behandlung bei mir nicht anschlug, machte ich mich auf die Suche nach dem nächsten Arzt oder dem nächsten Heilpraktiker. Ich gab nicht auf und begann wieder von vorne. Hoffnung – Erklärung – ein neuer Plan – Erfolgsgeschichten von anderen Patienten – Enttäuschung!

Es war ein Teufelskreis, den ich selbst sechs Monate lang nicht durchbrechen konnte. Ich wollte nicht aufgeben, nicht versagen. Ich konnte diese Schmerzen nicht annehmen, ich konnte nicht mit ihnen leben. Ich sah es gar nicht ein! Mein Trotz und mein Stolz, die mich schon mein ganzes Leben lang antrieben, trieben mich auch jetzt durch diese Krise. Ich glaube, die Mitmenschen in meiner Umgebung begannen mich plötzlich für einen Doktorholic zu halten, das heißt jemanden, der eine Sucht oder einen Zwang verspürte, von einem Doktor zum nächsten zu laufen. Und ich werfe ihnen das auch nicht vor. Es muss sich für jemanden, der nicht in meiner Haut steckte, der meine Schmerzen nicht fühlte, so ausgesehen haben. Aber dieser Marathon an Arztbesuchen gepaart von den finanziellen Sorgen war für mich alles andere als ein gemütlicher Spaziergang über eine frühsommerliche Blumenwiese. Es war der Horror. Ich wäre tausend Mal lieber einer Arbeit nachgegangen, hätte die Zeit mit Freunden und Familie verbracht und mein Geld für Reisen, Bücher und Kleidung ausgegeben.

Ich kenne den Begriff Hypochonder. Doch ich bin auch der Ansicht, dass jeder Mensch, der mit Beharren auf der Suche nach der Ursache seiner Beschwerden ist, ernst genommen werden sollte. Ein ständiger Ärztemarathon ist nämlich keine angenehme Freizeitbeschäftigung, der man sich so ohne weiteres widmet.

Die Ungewissheit war das schlimmste daran. Hätte mir irgendjemand ein Datum nennen können – was natürlich unmöglich war – wann die Schmerzen enden, dann hätte ich einfach durchgehalten, durchgebissen, wie ich es sonst auch tat. Doch diese Schmerzen waren eben kein gebrochener Fuß oder ein Grippe, bei denen man die Zeit der Genesung abschätzen konnte. Und somit begann ich die Ungewissheit fast noch mehr zu hassen als die Schmerzen.

Kapitel 4 - Dr. Google und Dr. Selbsthilfebuch

Ich bekam von der Schulmedizin keine Diagnose und auch die alternativmedizinischen Verfahren zeigten keine Wirkung. Somit vergingen die Tage und Wochen und ich hatte weiterhin keine Erklärung für meine Schmerzen. Mir wurde immer nur geraten Medikamente (ich probierte fünf verschiedene Schmerzmittel, ohne Erfolg, bis ich ganz darauf verzichtete und die Psychopharmaka verweigerte ich weiterhin strikt) zu nehmen und Geduld zu haben, bis sich mein Körper vom Stress der letzten Zeit erholen und sich beruhigen würde.

Geduld – ich habe dieses Wort immer schon gehasst. Ich war der Ansicht, dass Geduld keine Tugend sei, sondern eine Ausrede, um uns davon abzuhalten, das einzufordern, was uns zum gegebenen Zeitpunkt eigentlich zustehen würde. Aus dieser Einstellung ist, so glaube ich, ziemlich gut ersichtlich, dass ich so meine Schwierigkeiten mit der lieben Geduld hatte. Doch ich traue mich zu behaupten, dass auch der geduldigste Mensch in solch einer Situation seine Schwierigkeiten hätte. Man stelle sich den schlimmsten Schmerz vor, den man je empfunden hat. Für diesen Schmerz findet sich jedoch keine Erklärung und man wird mit dem Ratschlag „doch bitte etwas Geduld und Vertrauen zu haben" und der Beschwichtigung „es fehlt ihnen nichts, der Schmerz wird schon wieder weggehen", alleine gelassen. Ja, wenn man tapfer ist, dann bringt man vielleicht Geduld auf. Wenn man Glück hat, kann man auch vertrauen. Dann kann man vielleicht dem Arzt vertrauen, der Nicht-Diagnose, dem eigenen Körper und seinen Selbstheilungskräften. Ich konnte das im tiefsten Tief meiner Krise nicht. Ich hatte keine Geduld und kein Vertrauen. Ich war ein unsicheres und verunsichertes

Häufchen Elend auf der Suche nach Antworten. Aber ich hatte Hoffnung und ich hatte Mut. Und beide veranlassten mich dazu, nicht aufzugeben.

Die Wissenschaftlerin in mir war sich sicher, dass es immer eine Erklärung und eine Antwort gäbe, man müsse nur danach suchen. Doch anstatt wie vor ein paar Monaten noch geplant mich meinem europarechtlichen Dissertationsthema zu widmen, hatte ich plötzlich ein neues Forschungsgebiet: meine Schmerzen. Ich alleine wusste über ihre Intensität und Art Bescheid und somit könne ich, so war ich mir sicher, mittels Recherche die richtige Bezeichnung für sie finden. Somit begann ich unter Schmerzen und getrieben von meinem Wunsch gesund zu werden, zu recherchieren. Zuerst googlete ich – typisch Generation-Internet – meine Symptome. Leider war vieles was ich im Internet las, in meiner Lage kontraproduktiv. Ich erfuhr von Krankheiten über die ich lieber nie etwas erfahren hätte und wurde immer beunruhigter. Plötzlich las ich in Foren und stieß auf die absurdesten Beiträge. Es war wie ein Stich in die Brust, als mir bewusst wurde, dass ich auf dem Weg war, zu einem Forumsmenschen zu mutieren. Ich zog mich sozial zurück, behielt meine Sorgen und Ängste weitgehend für mich, fühlte mich mit meinem Schmerz unverstanden und wurde zunehmend hysterisch. Ich erlebte diesen Wandel bewusst und konnte ihm trotzdem nicht entgegenwirken – zu stark waren meine Schmerzen und zu groß meine Sehnsucht gesund zu werden. In dieser Phase meiner Krise entwickelte ich eine regelrechte Googlesucht. Sobald ein neues Symptom oder eine neue Schmerzart oder –intensität auftrat, suchte ich nach einer Erklärung. Natürlich fiel das meiner unmittelbaren Umgebung auf, was zu Folge hatte, dass ich mich für das Konsultieren von Dr. Google auch noch schämte. Ich googlete somit nur noch heimlich und behielt meine neuen Erkenntnisse sofern man meine Nachforschungsergebnisse als solche bezeichnen konnte, für mich.

Irgendwann wurde mir mein zerstörerisches Verhalten bewusst. Und es musste mir selbst bewusst werden, eine Intervention meines Umfeldes war sinnlos. Von diesem Tag an besuchte ich kein Gesundheitsforum mehr. Mir wurde bewusst, dass Schmerzen so subjektiv waren, wie die Menschen, die darunter litten.

Ich begann also meinen Forschungsschwerpunkt zu verlagern. Anstatt meine Symptome in ein Krankheitsbild quetschen zu wollen, begann ich mich für Heilerfolge und Heilgeschichten zu interessieren. Ich kaufte mir jede Menge Selbsthilfebücher: ich las viel und ich las alles, egal was dem Autor des Buches widerfahren war, ob seine Symptome den meinen ähnelten oder nicht, mich interessierte nur der Weg aus der Krise und aus der Krankheit. Ich saugte die Details auf und versuchte gewisse Methoden anzuwenden. Schnell lernte ich, dass jede Krise und jeder Weg hinaus so individuell und einzigartig waren, wie die vielen kleinen Gegebenheiten, die in die Krise geführt hatten. Trotzdem gaben mir die Selbsthilferatgeber Hoffnung. Und während des Lesens waren meine Gedanken an Heilung stärker als meine Gedanken an die Schmerzen und die Angst.

Dennoch sprudelte auch diese Hoffnungsquelle nicht lange. In einer Reflexionsphase nach ungefähr einem Dutzend Selbsthilfebücher hatte ich folgende Erkenntnisse: Erstens, ich lese kein einziges Selbsthilfebuch mehr und zweitens, ich bin total verwirrt von all den unterschiedlichen Methoden, die aufgezeigt wurden. Zudem fiel mir auf, dass die meisten Bücher nach der postdramatischen Entwicklung beziehungsweise in manchen Fällen nach der Erleuchtung entstanden, weshalb die Autoren im seltensten Falle im Detail das schwarze Loch, die Hölle, in der sie sich befanden, beschrieben. Vielmehr wird eine Reflexion aus der Erleuchtung her beschrieben, was in einer dissoziativen Haltung des Autors resultiert. Für mich fühlte sich das wie folgt an: Ich erzähle dir einmal ganz kurz auf drei Seiten, dass es mir richtig mies ging und dann beschreibe ich auf den nächsten 150 Seiten, wie ich mich und mein Leben verändert habe. Und diese Lebensveränderung schildere ich sehr ausführlich und detailliert und meinst linear. Und am Ende, da bin ich richtig froh über meine Krise, weil sie mir ein neues Leben geschenkt hat.

Natürlich suggeriert wahrscheinlich das Wort „Selbsthilfebuch", dass darin positive Gedanken und nachahmungswerte Wege vermittelt werden. Wenn man zu solchen Büchern greift, geht es einem meist sowieso schon schlecht, da muss man nicht noch von jemand anderem lesen, dem es ebenfalls schlecht geht oder ging. Menschen, die diese Art von Hilfe in Form von Mut machenden Geschichten suchen, sind mit den meisten Selbsthilfebüchern gut versorgt. Diese Bücher säen die Hoffnung in uns, dass wir es ebenfalls schaffen würden und dass unser misslicher Zustand nicht ewig anhalten würde.

Auch ich sehnte mich nach diesem Hoffnungsfunken – zumindest eine Zeit lang. Doch dann hatte ich das erleuchtete Gerede satt. Es machte mir augenscheinlich nicht mehr Hoffnung und Mut. Im Gegenteil fühlte sich jedes Wort wie einen erhobener Zeigefinger an: „Ich habe es geschafft, du kannst das auch schaffen. Und wenn du es nicht schaffst, dann willst du es nicht genug, dann hast du die Lektion deiner Krise noch nicht gelernt oder schlimmer, dann ziehst du anscheinend (unbewusst) Vorteile aus deiner Krise. Ich wurde wütend auf mich und auf die Bücher und der Zweifel, ob ich wieder fit werden würde, nagte wieder an mir.

Ich sehnte mich in dieser Zeit nach jemanden, der den Mut hatte, von den Tiefen seiner Seele zu sprechen, von der Dunkelheit, die sich in ihm und um ihn herum ausbreitete, von der Angst, davor Angst zu haben, vom Zwang, positiv zu denken und vom Paradox, allein sein zu wollen ohne sich einsam fühlen zu müssen, von der Sehnsucht verstanden zu werden, vom Hass auf seine eigene dunkle Seite, von der Angst der eigenen Gedanken, vom Drahtseilakt zwischen aufgeben und loslassen, vom wahren Weg der Heilung, der keinesfalls linear verläuft, von Rückfällen und der Angst davor ...

Das und vieles mehr wollte ich hören, um zu wissen, dass alles was ich durchmache und was ich fühle in Ordnung ist, dass es auch anderen so oder so ähnlich ging und sie es geschafft haben, aus dem Loch ans Tageslicht zu klettern und dann weiter vom Tageslicht ins Tal und vom Tal auf den Hügel und so weiter, bis man endlich seinen Gipfel des Wohlbefindens wieder erreicht hat. Ich wollte hören, dass es in Ordnung geht loszulassen: „Lass los und wenn es dir schwer fällt, ist auch das in Ordnung. Irgendwann wirst du bereit sein los zu lassen und dann wirst du fallen. Doch das Gute ist, das Loch, in das du fällst, ist nicht ohne Boden. Ein Loch ohne Boden gibt es nicht! Und irgendwann, nach dem Fall, so lange er auch dauern mag, ja irgendwann wirst du Boden unter den Füßen haben. Und dann kannst du dich ausruhen und langsam aufrichten. Irgendwann wirst du dann bereit sein, den Aufstieg zu wagen. Gib dich keiner Illusion hin! Der Aufstieg kann lange sein und er wird auf jeden Fall mühsam sein und ja, vielleicht rutscht du noch einige Male aus und fällst nochmals. Doch beim nächsten und übernächsten Fall weißt du auch schon, dass irgendwann der Boden erreicht ist und du wirst den Weg vom Boden hinauf schon besser kennen, ebenso wie die Hindernisse, die dich zum Ausrutschen gebracht haben, seien es die glitschigen Steine deiner Selbstüberschätzung oder die scharfen Kanten deines unpassenden Umgangs. Beim nächsten Aufstieg wirst du sie meiden und so arbeitest du dich vor – in dem Tempo, das deinen Erfahrungen und Fähigkeiten angemessen ist."

Ja, diese Worte hätte ich damals gerne gehört. Aber natürlich verstehe ich es, dass, wenn man einmal das Tageslicht oder den Hügel erreicht hat oder gar wie der Erleuchtete am Berg steht, nicht mehr in das dunkle Loch, aus dem man heraussteigen musste, schauen möchte, es vielleicht auch gar nicht mehr kann. Da ist zu viel Distanz zwischen dem neuen Ich am Hügel, dass wie ein Phönix aus der Asche empor stieg und dem Häufchen Elend, das im Loch saß. Man stelle es sich nur einmal bildlich vor!

Das ist der Grund, warum ich inmitten meiner Krise angefangen habe zu schreiben. Dieses Buch ist meine Taschenlampe im dunklen Loch. Es spendet mir Licht und Klarheit, während ich den Aufstieg wage.

In der Zeit, in der ich mich den Selbsthilfebüchern widmete sowie in der anschließenden Reflexionsphase, war ich auf der Suche nach Antworten und all meine Fragen ließen mich bald in die Esoterikwelt eintreten.

Kapitel 5 - Ausflug in die Esoterikwelt

Die unter dem Titel Esoterik beschriebenen Verfahren sind keinesfalls abwertend behaftet. Esoterik bedeutet für mich so viel wie nicht mit Logik erklärbar. Da meine Symptome schulmedizinisch nicht erklärbar waren und ich auch auf die alternativmedizinischen Verfahren nicht ansprach, war es nur eine Frage der Zeit bis ich durch meine Googlerecherche oder das Lesen der Selbsthilfebücher Erfahrungen mit der Esoterik machen würde.

Es ist mir ein Anliegen auch diese Reiseetappe darzulegen. Einerseits weil ich, wenn auch nicht die Antwort auf die Fragen, warum ich von einem Tag auf den anderen von diesen Schmerzen heimgesucht wurde und wie und wann diese wieder verschwinden würden, erhielt, so bekam ich doch wertvolle Puzzleteile für die Lösung dieser Frage. Die Antwort auf die Frage werde ich mir wohl nur selbst irgendwann geben könne, auch wenn diese lauten sollte: „Hör auf nach dem Warum zu suchen und glaube daran, dass du wieder schmerzfrei wirst!". Andererseits möchte ich mich zu dieser Lebensphase bekennen, weil ich daran glaube, dass es Menschen gibt, die mit Fähigkeiten ausgestatten wurden, die mit dem Verstand nicht erklärt werden können. Ferner möchte ich jedoch aufmerksam machen, dass in der Esoterikwelt auch etliche Gefahren schlummern, von denen auch der vernünftigste und rationalste Mensch, so glaube ich zumindest, nicht verschont bleibt, sobald er sich dahin begibt. Ist nämlich der Leidensdruck einmal so unerträglich, dann ist der Wunsch nach Heilung stärker als die Stimme der Vernunft. Das ist etwas, was man wahrscheinlich erst erlebt haben muss, um es zu glauben. Ich sage mit jeder Faser meines Körpers danke, dass meine Stimme der Vernunft mich nie verlassen hat und was noch wichtiger ist, dass ich irgendwann gelernt habe, mich auf meine Intuition zu verlassen und diese mich auf meinem Irrweg eingeholt hat. Nicht auszudenken, welch finanzielles Risiko man gewillt ist einzugehen, um wieder gesund zu werden. Ich war dazu ebenfalls bereit. Und mein Plan schien dazu noch so gut zu sein: Ja, ich gebe jetzt Geld aus, ja ich mache jetzt Schulden, aber ich bin dann wieder gesund, endlich wieder ohne Schmerzen, endlich wieder in der Lage zu arbeiten und so würde ich die Schulden bald wieder tilgen können. Ein guter Plan, ein sehr guter sogar und so logisch. Leider beinhaltete dieser Plan nicht das durchaus mögliche Szenario, das jeweilige Verfahren könnte nicht funktionieren. Auch nach der Enttäuschung darüber, dass ich auf die probierten schulmedizinischen und alternativmedizinischen Methoden nicht reagierte, war ich mir sicher, dass wenigstens ein esoterisches Verfahren helfen würde.

An dieser Stelle könnte man den Kopf schütteln als Zeichen der Entrüstung und des

Unverständnisses. Und ich nehme das hin, weil ich genauso reagiert hätte. Von oben herab hätte ich die Miene verzogen, den Kopf geschüttelt und gesagt: „Guru, Schamanin, Geistheilerin, die spinnt ja. Ja, jetzt spinnt sie vollkommen. Das ist alles nur psychisch. Sie sollte eine Therapie machen und Tabletten nehmen."

Ich bitte hier nicht um Verzeihung für diese Gedanken, die ich früher gegenüber unerklärbaren Krankheiten und psychischen Problemen hatte. Ich wusste es nicht besser und es hilft betroffenen Menschen, so glaube ich, nicht, dass ich mich für bereits gedachte oder ausgesprochene Vorurteile entschuldige. Meine eigenen Schmerzen haben mich gelehrt, dass ich im Unrecht war. Ich habe mir meine Überheblichkeit verziehen und mir geschworen in Zukunft zu versuchen, keine Vorurteile mehr zu hegen. Ich kann mein Gegenüber nie gut genug kennen, um über ihn zu urteilen. Ich weiß nichts über seine

Freuden und das Ausmaß seiner Leiden, seine Erziehung, seinen Glauben, seine Lebensaufgaben und sein Schicksal. Ich habe immer noch Schwierigkeiten über mich selbst ein Urteil zu fällen, da ich immer noch dabei bin mich kennenzulernen. Und wenn es mir Schwierigkeiten bereitet, mich und damit mein wahres Selbst zu erkennen, wie könnte ich dann glauben, jemand anderen so gut zu kennen, so viel über ihn zu wissen, um über ihn ein Urteil zu fällen.

Yoga war bereits seit vier Jahren Bestandteil meines Lebens. Er half mir in stressigen Zeiten den Kopf frei zu bekommen und mich körperlich fit zu halten. Jeder, der regelmäßig Yoga betreibt, wird mir zustimmen können, dass der sogenannte Yogaflow nach einer Praxisreihe einfach unbeschreiblich ist. Man fühlt sich als könnte man Bäume ausreißen oder diese zumindest umarmen. Die Lungenflügel geweitet wie die Flügel eines Adlers spüren sich kräftig und mit frischem

Sauerstoff getankt an. Der Kopf balanciert locker und leicht auf den Schultern und das Gedankenkarussell ist ruhig geworden, manchmal sogar stehen geblieben. Das ist nur der Versuch, einige meiner Yogaflowerfahrungen in Worte zu fassen.

Da mir die regelmäßige Praxis so gut getan hat, war es natürlich verständlich, dass ich mich in der Zeit meiner Krise zum Wohlbekannten hinwandte und Yoga praktizierte. Zahlreiche Studien und meine eigene Praxis konnten die beruhigende Wirkung auf das zentrale Nervensystem und die Atemwege sowie die Lockerung der Muskulatur, um nur einige positive Effekte von Yoga zu nennen, bestätigen. Aber all die Studien und meine Erfahrung waren plötzlich gegenstandslos. Ich werde nie meine erste Yogastunde nach dem Ausbruch meiner Symptome vergessen. An Ruhe, Entspannung und Erholung war nicht zu denken. Ich lag auf meiner Yogamatte und beobachte mit meinem inneren Auge, wie sich mein Kopfschmerz und mein Druckgefühl im Hals jedem Asana (Yogaposition) anpassten. Ich versuchte zu ergründen, wo sich der Schmerzherd befand, was Erleichterung brachte und was Verschlimmerung hervorrief. Doch mein Körper blieb mir ein Rätsel. Am Ende der Praxis, die immer mit einer Verbeugung vor sich selbst und seinem Körper begleitet von einem Namaste und einem stillen Dank endete, war ich wütend, traurig und voller Schmerzen. Ich konnte keinen Gedanken der Dankbarkeit fassen. Ich hörte die Stimme meiner Yogalehrerin: „Wir führen unsere gefalteten Hände zur Stirn, für die Klarheit unserer Gedanken, vor unseren Mund für die Wahrheit unserer gesprochenen Worte und vor unser Herz, für die Reinheit unseres Herzens. Namaste. Sagen wir danke zu uns und unserem Körper." Und während diese Worte, bei denen ich sonst immer eine stille Ehrfurcht vernahm, dieses Mal wie Wolken an mir vorüber zogen, ohne mich zu berühren, dachte ich bei mir: „Körper, ich bin wütend auf dich. Ich danke dir gewiss nicht. Du hast keinen Dank verdient. Du quälst mich. Warum quälst du mich? Ich weiß, ich habe dich die letzten Jahre mit all dem Stress auch gequält. Es tut mir leid. Was willst du mir sagen? Was muss ich verstehen? Ich habe verstanden, dass ich mich weniger stressen soll. Wirklich, ich werde meinen Lebensstil ändern. Nur hör bitte bitte bitte auf, mir solche Schmerzen zu zuführen. Ich bin wütend auf dich. Hörst du? Wütend und enttäuscht." Das waren harte Worte, mit denen ich mich meinem Körper zuwandte. Gleichwohl schien mir diese eisige Ehrlichkeit mir gegenüber heilsamer als ein fadenscheiniges vorgegaukeltes „Danke – Namaste". Die Yogastunden nach dieser ersten Praxis, nachdem meine Schmerzen begannen, verliefen alle ähnlich. Doch getrieben von der Überzeugung, dass Yoga gut für meinen Körper und meinen Geist wären, praktizierte ich weiter. Der Gang ins

Yogastudio wurde zu meiner einzigen Routine. Ich praktizierte drei bis fünf Mal die Woche und nahm die verstärkten Schmerzen nach jeder Praxis in Kauf. Ja, ich war sogar stolz auf mich, dass ich trotz meiner Schmerzen zum Yoga ging. Diese Entschlossenheit sollte mir und anderen beweisen, dass ich mich nicht gehen lasse, dass ich kämpfe, dass ich alles versuche, um wieder die Alte zu werden.

In der Zeit meiner fast schon exzessiven Yogapraxis war ein Guru aus Indien in meinem Yogastudio zu Besuch, um einen Workshop zu halten. Es wurde die Möglichkeit angeboten mit ihm ein ganzes Wochenende zu praktizieren und zu meditieren. Zudem versprach das Programm das Erlernen einer speziellen Meditationspraxis, genannt „Healing Hands" (Heilende Hände), die bei regelmäßiger Praxis eine Aktivierung der Selbstheilungskräfte zusichern sollte. Selbstverständlich war ich Feuer und Flamme, als ich zum ersten Mal die Ankündigung im Yogastudio sah. Ich nahm 85 Euro an finanziellem Risiko in Kauf und meldete mich sofort an. Anschließend fieberte ich diesem Herbstwochenende entgegen und erhoffte mir einen neuen Zugang zu meinen Schmerzen beziehungsweise einen Weg, sie zu überwinden. Ein Guru und Heiler aus einem indischen Ashram musste doch wissen, was mit mir los war. Endlich stand dieser Samstagmorgen im Spätherbst vor der Türe, auf den ich ein Monat ungeduldig gewartet hatte. Voller Erwartungen schulterte ich meine Yogamatte und fuhr ins Studio. Wir waren eine kleine ausgewählte Gruppe an Yogis und Yoginis, die auf ihren Matten im Halbkreis auf den Guru warteten. Dieser betrat den Raum gefolgt von zwei Schülern, alle in wallenden weißen Gewändern, einer Gebetskette um den Hals und einem breiten Lächeln auf den Lippen. Ja, so oder so ähnlich hatte ich mir einen echten Guru vorgestellt. Der Guru stellte sich kurz vor und begann schließlich mit der Praxis. Geduldig praktizierte ich eine Asanareihe nach der anderen an diesem Vormittag. Der Guru lehrte uns zuerst die Positionen und ging anschließend zu jedem Einzelnen, um zu adjustieren. Ich war mir so sicher, dass er merken würde, was mit mir los war oder zumindest eine Energieblockade wahrnehmen würde. Der Guru jedoch ließ sich nichts anmerken und so verging der erste Tag, ohne dass ich neue Erkenntnisse meinen Gesundheitszustand betreffend gewonnen hätte.

Müde und mit einem Kopf, der zu platzen drohte, machte ich mich am späten Nachmittag auf den Nachhauseweg. Ich fühlte mich richtig mies. Seit gut vier Stunden spürte ich meine rechte Hand nicht mehr. Sie fühlte sich taub und eingeschlafen an. Mein Kopf schmerzte so stark, dass ich Schwierigkeiten hatte, klar zu sehen und das Kloßgefühl in meinem Hals ließ mich nur mühsam atmen. Ich schleppte mich regelrecht nach Hause und verkroch mich sofort im Bett. Müde und erschöpft schlief ich bald mit den tröstenden Gedanken, morgen die „Healing-Hands-Methode" zu lernen, ein.

Am nächsten Morgen fühlte ich mich etwas besser und ging erneut ins Studio. Ich war früher dort und konnte mich kurz mit den anderen austauschen. Eine Yogini erzählte mir, dass sie am Abend zuvor noch einen Privattermin beim Guru hatte und dieser ihr ein vedisches Horoskop verlas, das so präzise alle Lebenslagen darlegte, dass sie anschließend einen weiteren Termin für ihre Tochter vereinbarte. Ich sah sie an und kam nicht umhin, meinen inneren Kritiker ein lautes inneres fast verächtliches: „Das ist ziemlich naiv!" schnaufen zu hören. Andererseits entzündete dieses Gespräch auch einen Hoffnungsschimmer in mir. Ich war so verzweifelt auf der Suche nach Antworten und nun war da ein anerkannter Guru und Heiler, der mir vielleicht einige Antworten geben könnte. Mein Entschluss stand fest. Ich schob meinen inneren Kritiker beiseite und war bereit, um einen Termin zu ersuchen. Der Gong der Klangschalen zeigte an, dass es Zeit war, auf den Matten Platz zu nehmen und sich in eine angenehme Sitzposition für die Meditationspraxis zu begeben. Die Praxis schien mir ewig zu dauern und so konnte ich meine Erleichterung kaum verbergen, als ein abermaliger Gong diese beendete. Endlich sollten wir die Healing-Hands-Methode lernen. Hierzu bekam jeder von uns ein Säckchen aus buntem Leinen, dass wir uns mit dem Schnürchen um den Hals hängen sollten. In diesem Säckchen befand sich eine Gebetskette. Auf die Frage, warum sich die Kette in dem Stoffsäckchen befand, antwortete der Guru, dass der Wunsch – Sankalpa – den wir in unserer Healing-Hands-Praxis verinnerlichen, wie ein Samenkorn verborgen vor neugierigen Blicken gedeihen soll. Ein schöner Gedanke.

Wir schlossen alle die Augen und mussten an unseren innigsten Wunsch denken, der für uns gerade von Bedeutung war. Da musste ich ja Gott sei Dank nicht lange suchen. Ich wollte nur eines: Wieder schmerzfrei werden! Wenn nur die Schmerzen vergehen würden, dann würde ich, das stand fest, mein restliches Leben meistern, komme was wolle. Mein Wunsch war also Schmerzfreiheit. Ich verinnerlichte meinen Wunsch und zeichnete vor meinem inneren Auge ein glückliches, schmerzfreies Ich. Nachdem wir uns alle unserem Wunsch gewidmet hatten, bekamen wir ein Mantra, das wir 108-mal sagen sollen. Das Berühren der Gebetskette im Säckchen um unseren Hals sollte uns das Zählen erleichtern. Ein Mantra pro Holzperle auf der Gebetskette. Hatte man die Quaste am Beginn der Kette wieder erreicht, wusste man, dass man die Praxis beenden konnte. Ich begann somit eine Holzperle nach der anderen zu berühren und murmelte das Mantra „Om Parmatman Om" vor mich hin.

Natürlich versuchte ich mich nur auf diese drei Worte zu konzentrieren, aber Gedanken wie „Ich hoffe das hilft", „Wo kann ich diese Gebetskette und das Säckchen besorgen, damit ich morgen schon mit meiner täglichen Praxis beginne kann" zogen wie Wolkenschaben durch meinen Kopf. Sie verhinderten permanent das Klarwerden meines Geistes.

Nachdem wir alle die Übung beendet hatten, wurden meine Fragen beantwortet. Die Gebetskette und das Säckchen gab es im Anschluss an die Stunde zu kaufen. „Passt!", dachte ich mir. „So mache ich es!" Als ich später jedoch zu der Schülerin des Gurus ging und diese mir mit elfenhaftem Lächeln erklärte, dass die Kette und das Säckchen 45 Euro kosteten, musste ich schlucken. Ich hatte nur 10 Euro in der Brieftasche und der Workshop kostete bereits 85 Euro. Verlegen erklärte ich, dass ich im Moment nicht das Geld bei mir hätte, aber gerne einen persönlichen Termin mit dem Guru für eine vedische Horoskopsitzung vereinbaren würde. Die Kette würde ich dann im Anschluss an den Termin kaufen. Die Yogini gab mir einen Termin am übernächsten Tag und verabschiedete sich mit einem Namaste. Am Nachhauseweg in der U-Bahn schossen mir tausend Gedanken durch den Kopf. „Warum sind meine Schmerzen nach der Yogapraxis immer heftiger, wenn doch alle Studien beweisen, dass Yoga gut für unser vegetatives Nervensystem sei. Musste ich wirklich diesen Termin vereinbaren? Würde ein vedisches Horoskop mir wirklich Antworten über meinen Gesundheitszustand liefern? Hundert Euro für eine Sitzung, ist das nicht doch viel zu viel?" Die finanziellen Sorgen lagen wie Felsbrocken auf meinen Schultern und zogen mich immer weiter hinunter. Gleichzeitig war mein Wille gesund zu werden so stark, stärker als all meine finanziellen Bedenken. Den nächsten Tag über kämpfte ich mit dem Gedanken, den Termin beim Guru abzusagen.

Als gebildete junge Frau im 21. Jahrhundert begebe ich mich in die Hände eines Gurus? Ja, mir war klar, dass diese Esoterikwelle gerade voll im Trend lag. Aber ob sie auch bereits gesellschaftsfähig war? Diesbezüglich hegte ich doch starke Bedenken.

Am darauffolgenden Morgen gab ich meinem Bruder Bescheid, zu wem ich mich begab. Seine Zweifel standen ihm ins Gesicht geschrieben. Seine Augen beleuchteten mich wie Scheinwerfer und brachten all meine eigenen Zweifel, die Scham und die Sorgen ans Licht. „Bist du enttäuscht von mir?", schoss es aus meinem Mund. Er umarmte mich und antwortet: „Ich mache mir Sorgen um dich. Ich wünsche mir nur, dass es dir wieder gut geht und wenn du denkst, der Guru kann dir weiterhelfen, dann geh zu ihm. Aber pass auf dich auf und ruf mich anschließend gleich an". „Gut", murmelte ich unter Tränen. Es passte mir gar nicht, plötzlich in der Rolle der Hilfesuchenden zu stecken, schließlich war ich die Ältere von uns beiden. Zeitgleich jedoch war ich unendlich dankbar für seine Fürsorge.

Ich machte mich also auf den Weg zum Guru. Er und seine Schüler waren bei einer Yogini aus dem Studio untergebracht. Ihre Wohnung lag in einem mir unbekannten Stadtteil. Wohnhäuser soweit das Auge reichte und kein Bankomat in Sicht. Ich hatte immer noch dieselben 10 Euro in der Brieftasche und brauchte dringend weitere 90 oder mehr, wenn ich wirkliche auch die Gebetskette kaufen wollte. So marschierte ich um den ganzen Häuserblock, bis ich endlich in 300 Meter Entfernung ein Einkaufszentrum sah. Ein Blick auf die Uhr verriet mir, dass ich schon ziemlich knapp dran war. Doch ich hatte keine andere Möglichkeit. Ich konnte ja schlecht ohne Geld bei dem Termin auftauchen. Im Laufschritt begab ich mich zum Einkaufszentrum, fand den Bankomat und hob das notwendige Geld ab. Wieder überkam mich das mulmige Gefühl: „Wirklich, du gibst 100 Euro für eine Sitzung mit einem Guru aus!?" Ich schüttelte das schlechte Gewissen ab und ermutigte mich selbst: „Ja, verdammt! Ich mache das jetzt. Ich will, dass diese Schmerzen endlich aufhören". Zu dieser Zeit litt ich schon seit 5 Monaten an täglichen Kopfschmerzen, Tinnitus und weiteren Beschwerden.

Ganz außer Atem und mit 10 Minuten Verspätung kam ich in der Wohnung, in der der Guru Quartier bezogen hatte, an. Er bat mich an den Tisch und legte auch sogleich los. Ich sollte ihm mein Geburtsdatum und meinen Geburtsort nennen. Beides gab er in ein Computerprogramm ein. Meine erste Enttäuschung! Ich hatte mir etwas Mystischeres als ein Computerprogramm vorgestellt. In gebrochenem Englisch erklärte er mir, dass Saturn mein Geburtsplanet sein. Dies sei der kleinste und schnellste Planet und ebenso wie dieser Planet, so sei auch ich.

Ich erinnere mich an seine Worte: „You are chipsydipsy, here and there, you do not can stay long in one place. Want see all. Not very stable, äh? Yes not very stable. But very interesting life". Ja, es traf zu, dass ich am liebsten die ganze Welt bereisen, alles lernen und entdecken wollte. Doch die Tatsache, dass ich nicht sehr stabil wäre und aufgrund meines neugierigen, offenen Geistes auch nie sein würde, störte mich irgendwie. Im Moment wollte ich nichts lieber, als stabil und in meiner inneren Mitte sein. Ganz OM halt. Nun gut, ich hatte keine Zeit, länger darüber zu grübeln, denn der Guru erzählte mir bereits von meinem nächsten Haus und der Beziehung zu meinen Eltern. Es wunderte mich, dass er sah, dass sie sich getrennt hatten. Andererseits trifft das heutzutage wohl auf 70 Prozent der Paare zu. Einigen weiteren Schilderungen konnte ich zustimmen, anderen wiederum nicht. Wir kamen in das Haus, das über meinen wirtschaftlichen Erfolg Aussagen treffen sollte. Was ich dazu hörte gefiel mir, leider merkte ich davon in meinem bisherigen Leben nichts. Der Guru erklärte mir, dass ich mir nie Sorgen um Geld machen müsse, da ich ein gutes Gespür für das Geschäft habe. Hm, in Anbetracht der Tatsache, dass ich gerade arbeitslos war, löste diese Nachricht Hoffnung und Unglaube im gleichen Maße aus. Doch bevor ich nachfragen konnte, ob vielleicht auch etwas über meine berufliche Bestimmung in Erfahrung zu bringen sei, unterbrach mich der Guru mit einem Satz, der mich mit voller Wucht traf. „You not will marry. And if you do, you get divorced, for sure", sagte er und lachte. Wirklich? Es schien ihn zu amüsieren, dass mein Horoskop keine Heirat für mich vorsah. Beziehungen bzw. Partnerschaften ja, aber eine stabile Heirat schien ausgeschlossen und falls ich es doch versuchen sollte, würde es in einer schlimmen Scheidung enden. Das wollte ich nicht wissen. So etwas hätte ich nie gefragt. Das glaube ich einfach nicht. Ich war wütend auf den Guru, der mir Sachen an den Kopf warf, von denen ich nichts hören wollte. Und ich war wütend auf mich, dass ich mich so naiv diesem Horoskop auslieferte. Diese Wut wurde nur noch von meinem Schock übertroffen. Ich hatte mir bis zu diesem Zeitpunkt keine ersthaften Gedanken über meine Hochzeit gemacht. Aber der Stich, den mir der englische Brocken: „You not will mary. And if you try you get divorce", versetzte, machte mir klar, dass ich heiraten und eine lange glückliche Ehe führen wollte. Doch noch mehr als das wollte ich eines Tages Mutter werden. Und so schoss es aus mir heraus: „Kids? What about kids? Will I have kids? Mein Atem stockte. Ich sah den Guru an, als ob diese Entscheidung wirklich von ihm abhängen würde. Der Guru sah in den Computer, der das vedische Horoskop berechnete und sagte: „Hmmm, Kids ok, when between „20xx and 20xx.[1] Wow, somit

---

[1] Die genaue Zeitspanne wird hier nicht erwähnt.

hatte ich eine gewisse Zeitspanne, aber immerhin noch ein paar Jahre Zeit, dachte ich mir. Ich konnte kaum alles verarbeiten, als der Guru weitersprach und mir versicherte, dass ich mich mein Leben lang toller Gesundheit erfreuen werde. Endlich waren wir bei dem Punkt angelangt, weswegen ich eigentlich gekommen war. Diesmal unterbrach ich ihn hartnäckig und schilderte endlich meine Beschwerden. Er erklärte mir, dass das kommende Jahr kein gutes Jahr für mich werden würde. Zudem erläuterte er mir, dass er mir mit meiner Gesundheit helfen könne, indem ich eine Zeremonie mit ihm vollziehe und ihn als meinen Guru anerkenne. Wir könnten die Zeremonie gleich morgen Früh um 5 Uhr durchführen. Dazu müsse ich Obst, Blumen und ein weißes Kleidungsstück mitbringen und wenn ich konnte auch einen Rubin. Er zückte seinen Kalender, gab mir den Termin und verabschiedete sich mit den Worten, wir sehen uns morgen. Seine Schülerin kassierte das Geld für die Sitzung und erklärte mir noch die Details für die Zeremonie. Ich war überfordert mit all den Informationen, so dass ich keine Zeit hatte, in mich hineinzuhören, um herauszufinden, ob ich diese Zeremonie überhaupt wollte. Wie in Trance verließ ich die Wohnung.

In der U-Bahn kam meine Wut zurück. Ich war dort, um mein Horoskop sowie meine Eigenschaften und Fähigkeiten zu erfahren und nicht um genaue, anscheinend festgeschrieben und unveränderbare Prognosen ins Gesicht geschleudert zu bekommen. Wenn alles bereits fest steht, wo bleibt dann unser freier Wille, unser Handlungsspielraum? Sind wir wirklich nur Marionetten am Schachbrett des Lebens? Und wer zieht dann wirklich unsere Fäden? All diese Fragen stürzten wie Wellen auf mich herein. Ich teilte meine Sorgen einer guten Freundin, die sich mit Horoskopen befasste mit und bekam die beruhigende Antwort, dass auch sie glaube, dass wir sehr wohl einen gewissen Handlungsspielraum haben.

Ich kam zu Hause an und weinte vor Scham über meine Dummheit und vor Verzweiflung. Nach ein paar Stunden kam meine Klarheit zurück. Hätte der Guru nicht bereits beim Workshop merken müssen, dass es mir gesundheitlich nicht gut geht? Er war ein Heiler. Müsste er dann nicht sehen, dass meine Energie blockiert war? Müsst er nicht über ausreichend Empathie verfügen, um zu wissen, was ich über mein Horoskop wissen möchte und was nicht? Müsste er mir meine finanziellen Sorgen nicht anmerken, anstatt mich aufzufordern, einen Rubin zu kaufen, um ihn ihm als Geschenk in der Zeremonie zu überreichen? Und was hatte es eigentliche mit der Zeremonie auf sich. Der Guru predigte innere Werte und verlangte Opfergaben, die mir ziemlich materialistisch schienen. All diese Fragen holten mich in die Realität zurück. Ich zückte mein Handy und schrieb seiner Schülerin, dass ich mich nicht dazu bereit fühlte, die Zeremonie durchzuführen und mich an einen Guru zu binden. Als ich die Senden-Taste drückte, stellte sich Erleichterung ein. Trotz meiner über die Jahre gepflegten Interkulturalität waren mir die kulturellen Unterschiede zwischen meinem westlichen Denken und dem indischen zu groß.

Nach ein paar Tagen wurde mir bewusst, dass der Guru für indische Verhältnisse aufrichtig und ehrlich gehandelt hatte. Er konnte meine Empörung über seine Prognosen nicht erahnen. Der Glaube an Karma und Wiedergeburt bestimmten sein Handeln. Seines Erachtens würde man alles, was man in diesem Leben nicht haben könne, vielleicht im nächsten bekommen. Ein Leben ohne Heirat, ohne Kinder oder ein paar Jahre schlechter Gesundheit waren seiner Ansicht nach nicht so schlimm, da dieses Leben nur eines von vielen Leben sei, die ich seines Erachtens noch vor mir haben würde.

Nach der Erfahrung mit dem Guru praktizierte ich weiterhin Yoga und es dauerte nicht lange, bis der nächste Tipp in Bezug auf Heilung mich erreichte. Diesmal handelte es sich um ein Biofeedback, das eine Dame mittleren Alters, welche in Biologie, Archäologie und Physik promoviert hatte, anbot. Die Dame besaß keine Homepage, weil sie mit ihrer Methode keinen allzu großen Profit machen wollte. Die Beschreibung klang seriös und ich nahm dankend die Telefonnummer entgegen und rief noch am selben Tag an. Ich bekam glücklicherweise noch in derselben Woche einen Termin. Eines stand fest, diesmal würde ich niemanden von meinem Vorhaben erzählen. Falls der Termin also wieder ein Schuss in den Ofen sein sollte, musste ich mich für den Versuch nur vor mir selbst rechtfertigen.

Ein paar Tage später stand ich vor einer alten Holztüre, deren Türknauf aus einem Löwenkopf bestand. Entschlossen drückte ich die Klingel. Eine Frau Ende 40 öffnete und begrüßte mich freundlich. Nachdem ich meine Schuhe und meinen Mantel abgelegt hatte, führte sie mich in den ersten Raum nach dem Eingangsbereich. Sie wies mich an, auf einem Ikea Schaukelstuhl Platz zu nehmen und meine Socken auszuziehen. Anschließend stellte sie meine Füße auf zwei Kupferplatten und reichte mir zwei weitere kleinere Platten für die Hände. Um den Kopf band sie mir ein Gummiband mit Elektroden, die meine Gehirnwellen messen sollen. Ich ließ alles über mich ergehen. Die Physikerin erklärte mir, dass das spezielle Gerät, an dem ich angeschlossen wurde, mein Biofeedback messen würde. Mit dem Worten, „das ganze wird wahrscheinlich 20 Minuten dauern", schloss sie die Türe und ließ mich alleine. Ich schaute mich neugierig um. Das Gerät glich einem Computer, war jedoch viel größer und kompakter. Es stand am anderen Ende des Tisches und ich konnte am Bildschirm nichts Genaueres erkennen. Der Raum, in dem ich mich befand, war komplett verfliest und wirkte kühl und steril. Er erinnerte mich an das Chemielabor in meiner alten Schule. Ein starker Kontrast zu den alternativmedizinischen und energetischen Instituten, die ich in den letzten Monaten aufgesucht hatte. Es gab keine Duftkerzen und keine Buddhabilder, nur diese Maschine, den Schaukelstuhl, ein paar Steine und jede Menge Bücher. Ich fühlte mich recht wohl und war neugierig auf das Ergebnis der Maschine. Jedoch kam ich nicht darum herum mich zu wundern, dass die Frau mich gar nicht nach dem Grund meines Besuches fragte. Auch am Telefon hatte ich nur den Namen unserer gemeinsamen Bekannten genannt, von der ich die Kontaktdaten erhalten habe und um einen baldigen Termin gebeten. Sie wusste somit nichts von meinen schrecklichen Kopfschmerzen, dem Ohrensausen, den Halsschmerzen, den tauben Händen und dem Kribbeln in den Füßen. Ich konnte somit nur hoffen, dass das

Ergebnis der Maschine aufschlussreich sein würde. Die 20 Minuten vergingen schnell. Die Physikerin kam zurück ins Zimmer, setzte sich mir gegenüber an den langen Holztisch und begann damit die Aufzeichnungen des Biofeedback-Gerätes auszuwerten. Sie erzählte mir von der Biofeedback-Methode, der Quantenphysik und ihrer Ausbildung in Russland. Ich fühlte mich ein wenig wie in diesen Science-Fiction Filmen. Nach einer Zeit fragte sie mich zum ersten Mal, welche Beschwerden ich hätte. Ich erzählte ihr von den schrecklichen Kopfschmerzen in meiner rechten Kopfhälfte. Ich kam gar nicht dazu, die anderen Beschwerden zu erwähnen, da sie mit einem „ja mein Gott, ich sehe es in meinen Aufzeichnungen" meine Ausführungen bestätigte. Sie drehte den Bildschirm des Biofeedbackgerätes in meine Richtung und zeigte mir die Auswertungen. Ich sah zwei bildliche Darstellung – Vorder- und Rückseite – eines Menschen. Die diversen Körperteile waren in unterschiedlichen Farben gefärbt. Wobei grün anzeigte, dass alles in Ordnung sei. Rot wies auf einen Energieüberschuss und blau auf einen Energiemangel hin. Meine Körpergrafik wies ausgehend von meiner rechten Kopfhälfte bis zu meiner rechten Brust einen dunkelblauen Balken auf. „Ich bin nicht verrückt" schoss es mir durch den Kopf. Der Beweis, den ich vor Augen hatte, tat mir so gut, dass meine Augen sich langsam mit Tränen füllten. Ich sah endlich, dass ich mir meine Symptome nicht einbildete. Ich erinnerte mich an eines meiner letzten Selbsthilfebücher, in dem die Frage stand: „Möchtest du Recht haben oder gesund werden?". Ich wusste die Antwort damals und ich wusste sie, als ich die Körpergrafik vor mir sah: Ich wollte beides! Ich wollte ernst genommen und verstanden werden und ich wollte gesund werden.

Die Physikerin erklärte mir, dass mein Kopf nicht ausreichend mit Sauerstoff versorgt werden würde und dass die Maschine als mögliche Ursache Herde im Gehirn angab. Ich war kaum beunruhigt. Mein Gehirn wurde bereits mittels MRT und CT untersucht. Auf die Frage hin, was ich jetzt machen sollte, erklärte sie mir, dass die Maschine in den nächsten 20 Minuten meinen Körper mit Impulsen versorgen würde, um ihn daran zu erinnern, wie er funktionieren sollte. Dieses Verfahren würde die Selbstheilungskräfte aktivieren und mir helfen, schmerzfrei zu werden. Zusätzlich gab sie mir die Telefonnummer eines Mannes, der Wirbelsäulen einrichten würde. Anscheinend zeigte die Maschine nämlich auch, dass der erste Halswirbel – der Atlas – verschoben war. Ein Zurechtrücken des Atlas, so erklärte sie mir weiter, würde helfen, die Kopfschmerzen zu lindern. Nach einer guten Stunde verließ ich voller Hoffnung die Wohnung. Die wichtigste Erkenntnis des Tages war, dass ich nicht verrückt war. Irgendetwas war mit meinem Körper nicht in Ordnung und ich würde dieses Problem lösen können. Ich hatte einen Schlachtplan. Noch in derselben Woche würde ich meinen Atlas einrichten lassen und anschließend nochmals die Physikerin aufsuchen.

Eine zweistündige Zugreise brachte mich in das Dorf, in dem der Wirbelsäuleneinrenker praktizierte. Am Bahnhof empfing mich der ältere Mann bereits und brachte mich im Auto in sein Haus am Dorfrand. Wenn ich heute daran zurückdenke, war das wahrscheinlich nicht das erste Mal, dass ich mich auf der Suche nach Heilung mitten im Nirgendwo mit einem Fremden befand. Jedoch erinnere ich mich, dass mir damals bewusst wurde, dass, falls mir etwas geschehe, mich niemand hier draußen finden würde.

Das Haus hatte einen eigenen Praxisraum. Wir setzten uns an den kleinen Tisch und der ältere Herr holte ein kleines Büchlein und ein

Pendel heraus. Ich stutzte kurz. Schließlich dachte ich, er würde mir die Wirbelsäule einrenken. Doch ich ermahnte mich, aufgeschlossen zu bleiben. Der Herr pendelte nacheinander einige Allergien aus – von denen ich nicht wusste, dass ich sie hatte – und neutralisierte diese anschließend. Wochen später fand ich dasselbe Pendelwerkzeug in einem Krimskrams-Sack meines Großvaters. Er erklärte mir, dass er dieses einmal auf einer Messe erhalten hatte. In diesem Augenblick wusste ich nicht, ob ich über mich selbst lachen oder weinen sollte. Ich hatte bereits an diesem Nachmittag mitten im Nirgendwo ein mieses Gefühl. Aber ich wollte so dringend schmerzfrei werden und mein normales Leben wieder aufnehmen. Nachdem das Pendeln beendet war, machte sich der Herr daran, mir die Wirbelsäule einzurenken. Jedoch vollzog sich das Einrenken nicht so, wie ich mir dies vorgestellt hatte. Ich musste mich über einen Stuhl lehnen und der Herr schlug mir mit der

Seite seiner flachen Hand zweimal in meinen Nacken. Den einzigen Gedanken, den ich nach diesem Schock fassen konnte, war, dass er mich hoffentlich nicht mehr kaputt mache, als ich sowieso schon war. Nach dieser doch sehr schmerzhaften Einrenkung befragte er das Pendel, ob ich jemals wieder Kopfschmerzen haben würde. Die Antwort war natürlich eine deutliche Bewegung des Pendels nach links, was so viel wie Nein bedeutete. Leider muss ich jedoch erwähnen, dass ich in der Sekunde, als das Pendel so deutliche nach links ausschlug, wahnsinnige Kopfschmerzen hatte. Ich konnte jedoch nicht den Mut aufbringen, dies laut auszusprechen, zu groß waren meine Enttäuschung und meine Angst. Auf dem Weg zurück zum Bahnhof erzählte mir der ältere Herr ausführlich von seinen Eheproblemen und ich dachte: „Anscheinend geht es mir immer noch nicht beschissen genug, da andere Menschen sich immer noch das Recht herausnahmen, mir ihre Probleme anzuvertrauen". Ich versuchte, so gut es ging, ihm anstandshalber Interesse an seiner Geschichte vorzutäuschen und hoffte inbrünstig, dass wir bald den Bahnhof erreichen würden.

Im Zugabteil angekommen, konnte ich meine Tränen nicht mehr zurückhalten. Mein Kopf schmerzte, mein Kontostand war abermals weiter ins Minus gerutscht und ich fühlte mich alleine und hoffnungslos. Ich versteckte meine Tränen nicht und so wagte es niemand, sich zu mir ins Abteil zu setzten. Ich rief nacheinander meine Eltern an und erzählte ihnen von dem Vorfall. Danach konnte ich mich ein wenig beruhigen, aber die Traurigkeit blieb. In den letzten beiden Monaten hatten zwei Ärzte bereits angedacht, dass ich vielleicht unter einer depressiven Verstimmung leiden würde. Zu dieser Zeit konnte ich eine derartige Diagnose nicht akzeptieren. Ja, ich hatte Schmerzen und ja, das drückte meine Stimmung. Aber ich dachte nie daran, mich gehen zu lassen, nie daran, aufzugeben. Ich wollte leben und das schmerzfrei.

In diesen zwei Stunden auf dem Rückweg wurde mir zum ersten Mal bewusst, dass jeder Versuch, gesund zu werden und jedes Scheitern mich immer mehr deprimierte. Ich begann zu akzeptieren, dass die Schmerzen mich deprimierten, aber ich konnte und wollte nicht hinnehmen, dass die Schmerzen bereits die Depression sein konnten. Und diesen Unterschied anderen verständlich zu machen, war schwer und kostete Kraft.

Ein paar Tage darauf, es war Mitte November, befand ich mich wieder in dem kühlen und sterilen Praxisraum der Biophysikerin und die Maschine bestätigte, dass sich an meinem Zustand nichts verändert hatte. Sie empfahl mir abermals, mich an jemanden zu wenden. Als ob ich meine Lektion nicht bereits gelernt hatte, kontaktiere ich voller Vertrauen in ihre drei Doktortitel, ihre vernünftige Art und unsere gemeinsame Bekannte, den Radiästheten, den sie mir nannte. Der Mann untersuchte meine Wohnung auf Erdstrahlen hin und empfahl mir, sie vollkommen auf den Kopf zu stellen. Für eine hysterische Stunde hatte ich diese Option in Betracht bezogen. Doch dann wurde mir klar, dass meine Schmerzen vor dem Umzug in diese Wohnung begannen. Außerdem würden die Wasseradern, die die Erde unter meinem Bett kreuzten, auch auf die Familien in den Wohnungen unter und ober mir wirken. Meine Elternhäuser standen beide in Flussnähe, was wohl bedeutete, dass sie von Wasseradern durchzogen waren. Ich weigerte mich, die Vorstellung, die Erde würde uns Menschen schaden, zu akzeptieren und beließ meine Wohnung so wie sie war. Die Biophysikerin suchte ich noch ein einziges Mal auf. Doch die Impulse, die das Biofeedbackgerät meinem Körper gab, schienen diesen kalt zu lassen. Somit nahm ich die Behandlung nicht weiter in Anspruch. Doch ich danke ihr und ihrer Arbeit mit dem Biofeedbackgerät, welches mir bestätigte, dass meine Schmerzen real waren.

Was jedoch sollte ich nun mit dem Wissen, dass der Schmerz real sei, tun? Die Schulmedizin bestätigte mir doch, dass ich gesund war.

Es war nun November und ich zählte immer noch die Tage und Wochen. Fünf Monate war der Schmerz nun schon mein ständiger Begleiter und ich fühlte mich mit jedem Tag schlechter. Die grauen und kalten Regentage taten ihr Übriges. Es gab nicht so etwas wie Alltag. Das einzige, was irgendwie an Alltag erinnerte, war meine morgendliche routinemäßige Yoga Nidra Meditation und die tägliche Suche nach Heilung. Zu meinen Schmerzen gesellten sich bald psychische Probleme. Das Einkaufen gehen fiel mir immer schwerer und ich fuhr nur noch ungern mit der U-Bahn. Ich fühlte mich meist unwohl und schwindelig. Langsam begann ich daran zu glauben, ein psychisches Wrack zu sein und ich hasste es. Bald schon führte mich meine Suche nach Heilung zu weiterer Heilern. Alle hatten gemeinsam, dass sie mir bestätigten, dass ich keine schlimme Krankheit habe. In all den Heilsitzungen habe ich Wertvolles über mich erfahren. Jedoch wurde ich auch mit Dingen wie vorherigen Leben und ähnlichem konfrontiert, mit denen ich mich lieber nie auseinander gesetzt hätte und worüber ich mir bis heute noch kein Urteil gebildet habe.

Die Heiler hatten mit den Alternativmedizinern gemeinsam, dass sie mir wunderbare Heilerfolge schilderten, nicht selten ihren eigenen inbegriffen. Und ebenso wie die Ärzte führten sie das Missglücken eines Heilerfolges auf mich zurück. Und trotz alledem, ich weiß nicht ob es Hoffnung, Mut,

Verzweiflung oder doch Irrsinn war, gab ich nicht auf.

Am Neujahrsmorgen kontaktierte ich eine Schamanin, die in ihrer Biographie auf ihrer Homepage schilderte, dass sie einmal unter ähnlichen Symptomen litt wie ich und ihr der moderne Schamanismus half. Acht Tage später saß ich in einer Wohnung, die zur Praxis umfunktioniert wurde. Ich war nervös und gespannt, ob mir die Sitzung die Augen öffnen und meine Frage nach dem Warum beantworten könnte. Der kleine Mischlingsrüde zu meinen Füßen beruhigte mich ein wenig und ich streichelte dafür dankbar sein cognacfarbenes Fell. Ich schaute mich ein wenig um. Hinter mir im Wartezimmer hing eine große Fotografie von La Santa Croce, dem Dom in Florenz. Ein Zeichen, dachte ich mir. In Florenz hatte alles begonnen, hier sollte es enden. Hier würde ich Heilung erfahren. Die Tür zum Behandlungszimmer öffnete sich und eine schlanke, kurzhaarige Frau Mitte 50 stellte sich mir als die Schamanin vor. Sie begleitete mich in den gemütlich eingerichteten Behandlungsraum und bat mich, kurz meine Symptome zu schildern. Sie strahlte Ruhe und Gelassenheit aus und ich konnte ihr ohne weiteres die Geschichte meines letzten Jahres erzählen. Nachdem ich damit fertig war, erklärte sie mir, was sie in der Geisterwelt sah. Sie schilderte mir von Ketten um meinen Hals, Spitzen im Kopf und ähnlichem. Sie entfernte alles. Ich spürte soweit keine Veränderung. Nach dieser Arbeit bat sie mich, die Augen zu schließen und mich auf die gelbe Matratze am Boden zu legen. Mit einer Rassel gestikulierte sie über meinen Körper herum. „Na gut, jetzt bist du schon mal da. Lass es einfach zu", dachte ich mir. Nach einer Viertelstunde holte sie mich ins Hier und Jetzt zurück und präsentierte mir eine Zeichnung. Die paar Dinge, die sie skizzenartig gezeichnet und mit ein paar Sätzen versehen hatte, trieben mir ganz plötzlich Tränen in den Augen. Es war eine Auflistung meiner Talente und Wünsche. Und eines stand fest, sie konnte sie nicht erraten haben. Dafür waren sie zu präzise und zu individuell. Die Zeichnung erinnerte mich an vergessene Talente und machte mir meine innigsten Wünsche bewusst. Nach dieser ersten Sitzung ging ich nochmals zu ihr, doch auch danach blieben meine Schmerzen unverändert. Ich erfuhr nicht die Heilung, die ich mir so sehr wünschte. Trotzdem bin ich dankbar für die beiden Sitzungen und die Botschaften, die ich erhalten habe. Sie haben mich mir selbst ein bisschen näher gebracht.

Viele Heiler, die ich bei meinem Ausflug in die Esoterikwelt kennenlernte, hatten eines gemeinsam: Sie mussten durch eine Krise gehen und trafen auf ihrer Suche nach Heilung auf die eine Methode, die sie rettete. Im Anschluss verschrieben sie sich dieser Methode. Ja, ich würde sogar behaupten, sie verliebten sich in diese Methode und richteten ihr Leben danach aus. In all der Zeit kam ich nicht darum herum mich zu fragen, ob die große Dankbarkeit, die sie für ihre Heilung verspürten oder die große Angst davor, ohne diese Methode wieder in das schwarze Loch zu fallen, sie zu diesem Verhalten drängte. Das sollte keinesfalls eine Kritik darstellen. Ich selbst wäre nur allzu bereit gewesen, mich in die Methode, die mich gerettet hätte, zu verlieben. Doch das wäre wahrscheinlich nicht ich gewesen. Anstatt mich zu befreien und zu mir selbst zu finden, hätte ich mir nur einen neuen Mantel umgeworfen, eine neue Rüstung, die mich zwar vor den Schmerzen schützte, mir jedoch gleichzeitig verwehrte, in mein Inneres zu blicken.

Es ist seltsam, wie schnell wir anderen Personen Glauben schenken, wenn wir selbst keine Antwort beziehungsweise keine Erklärung mehr für eine Situation haben. Ich bin dankbar, dass ich nur einmal an eine unseriöse Heilerin geraten bin. Ich bin froh, dass sich mein Menschenverstand über meine Verzweiflung stellen konnte und mich vor schlimmeren finanziellem Schaden bewahrte. Nicht zuletzt weil meine Mutter mir hierbei half.

Im Frühjahr entschied ich mich keine weiteren Selbsthilfebücher mehr zu lesen, keine Heiler mehr aufzusuchen und mich einfach wieder in mein normales Leben zu stürzen, so gut dies eben ging. Doch mein Körper zahlte es mir sehr bald heim, dass ich wieder auf Jobsuche ging und zu Interviews und Assessment Centers lief. Meine Schmerzen blieben und meine Konzentrationsfähigkeit nahm immer mehr ab. Bis zum totalen Zusammenbruch.

Kapitel 6 - Rien ne va plus – Nichts geht mehr

Ich saß, wie so oft in den letzten drei Jahren, bei einem Aufnahmetest. Im Raum befanden sich 60 junge und engagierte Personen die bereit waren, für diesen Job einen Computertest durchzuführen. Diese Art von Test war mir bekannt. Ich hatte bereits einige erfolgreich absolviert. Aber natürlich war das vor den Schmerzen. Ich saß also vor dem Computer und hörte die Worte der Personalverantwortlichen: „Das ist die zweite Stufe des Auswahlverfahrens. 20 Personen von ihnen werden in den nächsten Wochen zur dritten Stufe eingeladen – einem Sprachtest – und im Interview in der vierten Stufe entscheidet sich dann, wer den Job bekommt. Es handelt sich hierbei um eine Karenzvertretung und wir können ihre Fixanstellung, nachdem die Karenzierte in einem Jahr zurückkommt, nicht garantieren. Wir beginnen nun mit dem Test". Ich kann mich an meinen Frust erinnern. Zu oft habe ich diese Worte bereits gehört, zu oft war ich in dieser letzten Runde, um mir dann anzuhören, dass der oder die Mitbewerberin den Job bekommen hatte. Und nun saß ich hier unter Schmerzen, um abermals einen solchen Test durchzuführen. Ich konnte mich nicht auf die Fragen am Computer konzentrieren. Die Aufgabe verlangte, dass ich eine Zahlenreihe fortsetzen sollte. Ich wusste nicht einmal mehr, wie viel acht und sieben ausmachte. Mir war schlecht, meine Hände schliefen ständig ein, meine Füße kribbelten und ich bekam keine Luft. Ich entschied, die eineinhalb Stunden abzuwarten und den Test einfach nicht auszufüllen. Vor mir am Bildschirm blinkte jedoch die Stoppuhr und die Anweisung „Geben Sie bitte eine Antwort" auf. Ich wurde immer nervöser und nahm mein letztes bisschen Kraft zusammen, um aufzustehen und auf die Personalverantwortliche zuzugehen. Ich schilderte ihr kurz, dass es mir nicht gut gehe und ich den Test abbrechen werde. Sie antwortete mir: „Sie würden dadurch aber aus dem Bewerbungsprozess ausscheiden. Mir entfuhr ein: „Pech!". Ich nahm meine Sachen und verließ den Testraum.

Ich weiß nicht mehr, wie ich an diesem Tag nach Hause gekommen bin. Woran ich mich jedoch noch gut erinnern konnte war, dass an diesem Tag eine totale Sonnenfinsternis stattfand und die Menschen um mich herum dieses Spektakel beobachteten. Ich jedoch dachte nur ironisch: „Am Tag der totalen Sonnenfinsternis ist nun auch mein Licht endgültig erloschen".

Irgendwie kam ich zu Hause an und verkroch mich ins Bett. Aber ich konnte nicht schlafen und auch nicht weinen. Ich starrte nur auf die Wand neben meinem Bett und dachte: „Was soll ich jetzt machen. Wie soll ich das schaffen. Wie soll ich mit diesen Schmerzen leben. Wie soll ich Arbeit finden, wenn mein wunderbarer Verstand mich im Stich gelassen hat. Welchen Nutzen hatten all meine Ausbildungen, wenn ich sie jetzt nicht anwenden kann. Warum ist das passiert? Was ist nur los mit mir?"

Ich weiß nicht wie lange ich so im Bett lag. Irgendwann stand meine Mutter in der Türe. Sie packte meine Sachen und nahm mich mit zu sich nach Hause. Ich weiß, dass mein Bruder es nie ausgesprochen hätte, aber ich sah die Erleichterung in seinen Augen. Erleichterung, dass sich jemand meiner annahm. Ich war bereit, alle Verantwortung abzugeben. Ich wollte, vielleicht das erste Mal in meinem Leben, dass sich jemand um mich kümmerte. Ich war bereit, in eine Klinik für psychosomatische Erkrankungen zu gehen. Vier Stunden Autofahrt später war ich in meinem Geburtsland und saß beim Hausarzt meiner Mutter. Ein Häufchen Elend und all mein Widerstand Psychopharmakern gegenüber brach. Die Worte des Hausarztes waren: „Es ist jetzt die Zeit gekommen, etwas zu nehmen". Ich nickte nur und fühlte mich gleich nochmals schlechter, sofern das überhaupt noch möglich war. Jetzt würde ich meinem Körper auch noch dieses chemische Zeug zumuten.

Mit einer Überweisung und all meinen Befunden fuhr ich am nächsten Tag mit meiner Mutter in die Klinik. Dieser Schritt kostete mich Unmengen an Überwindung. Dieser Schritt bedeutete mir einzugestehen, dass es mir schlecht ging, dass ich es alleine nicht geschafft habe. Dass es nichts gebracht hatte, Mediziner, Alternativmediziner und Heiler aufzusuchen. Geschweige denn die tausend Verfahren, die ich selbst versucht hatte: Entgiftung, Entschlackung, Ernährungsumstellung, Ausdauersport, Yoga, Meditation, Ölziehen, Kräutertees, ätherische Öle, Essenzen....

Ja, ich war endlich bereit, Hilfe anzunehmen. Doch ich bekam keine! Nicht sofort jedenfalls. Ich musste zuerst einen ewig langen Fragebogen ausfüllen. Und wenn es mir nicht bereits mies ging, hätte das spätestens dieser Fragebogen geschafft. Ich kann mich nicht daran erinnern, wie oft ich an diesem Tagen gefragt wurde, ob ich mir das Leben nehmen wolle. Wenn man einmal diese Frage gestellt bekommt weiß man, wie sie sich anfühlt. Für mich fühlte sie sich an wie tausend kleine Messerstiche auf der Haut. Was immer es war das da noch in mir brodelte, ob es mein Trotz war oder mein Stolz oder doch meine Lebensenergie, ich danke ihm. Denn meine ehrliche Antwort lautete: „Ich will leben!!!"

Nachdem ich den Fragebogen ausgefüllt hatte, wurden wir von einer Ärztin empfangen, an die ich mich laut vorherigem Telefonat mit der Klinik, wenden sollte. Diese erklärte mir, dass sie soeben einen 48 Stunden Dienst hinter sich habe und auf ihrer Station erst in drei Tagen ein Bett frei hätte. Ich verstand ihre Übermüdung. Ja, selbst in meiner beschissenen Lage verstand ein Teil vom mir, dass sie übermüdet war. Doch ein anderer, viel größerer Teil, dachte sich: „Sieht sie nicht meine Not. Ist sie nicht genau für diese Fälle ausgebildet und geschult worden? Beinhaltet ihre Ausbildung nicht auch Einfühlungsvermögen und Empathie?" Gott sei Dank sah die Dame bei der Anmeldung meine Not und ich danke ihr aus tiefsten Herzen dafür. Sie rief den Klinikleiter an. Der Klinikleiter sah meinen Fragebogen durch und nahm sich für ein Gespräch Zeit. Er erklärte, dass es mir nicht so schlecht gehen würde. Ich hätte nur – man beachte bitte dieses Wort – eine Erschöpfungsdepression beziehungsweise eine Anpassungsstörung, die man als junger Erwachsener eben hat, wenn man gerade seinen Weg sucht. Die Kopfschmerzen, so fuhr er fort, könne ein Neurologe besser behandeln, dafür müsse ich nicht in der

Klinik bleiben. Wenn ich jedoch unbedingt wolle, so könnten sie mich auf die Warteliste setzten.

Was ich unbedingt wollte, war sicher kein Klinikaufenthalt, sondern ein gesundes und glückliches Leben. Aber was ich wahrscheinlich unbedingt brauchte war dieser Aufenthalt. Ich hatte in den letzten 8 Monaten so viel recherchiert und so viel ausprobiert und das meist ganz alleine, so dass ich jetzt einfach jemanden brauchte, der das studiert hatte, der mit unbestimmten oder psychosomatischen Erkrankungen Erfahrungen hatte. Doch dieser Vormittag in der Klinik führte mir vor Augen, dass ich es alleine schaffen müsse. Ich war erstmals bereit gewesen, zum Teil Verantwortung abzugeben und musste sie mir nun doch wieder aufladen. Nach dem Kraftakt um Hilfe zu bitten, sehen zu müssen, dass ich mir alleine helfen musste, war diese Antwort bitter, sehr sehr bitter.

Ich fuhr mit meiner Mutter nach Hause und war einverstanden, eine Zeitlang bei ihr einzuziehen. In den nächsten Tagen bekam ich von einem Arbeitskollegen meiner Mutter die Telefonnummer eines Herrn, der vor einigen Jahren ebenfalls einen Zusammenbruch erlitten hatte, und es wieder zurück ins Leben geschafft hat. Auch wenn ich in den letzten Wochen und Monaten keine oder viele diverse Diagnosen bekam, wusste ich bereits seit einiger Zeit, was mit mir los war: Ich steckte mitten in einer Krise. Mein Körper spielte einfach verrückt und der Namen dafür spielte schlussendliche keine große Rolle. Ich überlegt drei Tage, ob ich die Nummer wählen sollte. Ich hatte einfach keine Kraft mehr für weitere gute Ratschläge oder belehrende Tipps. Schlussendlich gab ich mir einen Ruck. Und ich sage Danke dafür! Das Gespräch mit diesem Menschen, der es aus einer schlimmen Krise geschafft hatte und es sich zu seiner Aufgabe gemacht hat, über diese Erkrankung aufzuklären, gab mir das aller erste Mal seit diesem verhängnisvollen Tag im Juli vor 9 Monaten das Gefühl, verstanden zu werden. Ich wurde angenommen, alles durfte sein, ganz genau so, wie es war. Er hörte einfach zu und versuchte mir ein paar Dinge zu erklären, ohne diesen gewissen lehrhaften Ton, der andeutete „ich habe es geschafft". Diesen Ton, den ich bei so vielen Heilern wahrnahm. Er sprach eine Stunde mit mir. Er widmete mir seine Zeit, sein Gehör, seinen Rat und sein Mitgefühl ohne jedwede Gegenleistung dafür zu erwarten. Dieses Gespräch war das Beste, was mir seit Monaten passiert war. Die Worte eines Menschen, der die Dunkelheit gesehen und es ins Licht geschafft hat, ohne seine Erinnerung an die Dunkelheit zu verbannen, waren wirklich wie ein Leuchtturm für mich. Ich bekam wieder Hoffnung und ich begann einzusehen, dass ich mir Zeit lassen müsse. Zudem bekam ich hilfreiche Tipps und weitere Kontakte. Zum Beispiel, konnte er mich über Nährstofftherapie informieren und mir den Namen eines tollen Orthomolekular-Mediziners geben. Dieser konnte wenige Wochen später erstmals mittels eines großen Blutbilds feststellen, dass meine Blutwerte doch nicht in Ordnung waren, ich eine Schilddrüsenfehlfunktion hatte und mein Hormonstatus nicht im Normalbereich war. Ich begann somit mit einer Nährstofftherapie und mein Körper dankte es mir.

Kapitel 7 - Psychotherapie

Den ersten Kontakt mit einer Therapeutin hatte ich bereits im Winter. Eine Allgemeinmedizinerin, die auch Therapeutin war. Da sich meine Probleme vorwiegend auf meinen Körper bezogen, versuchte ich es mit einer Körpertherapie. Um ehrlich zu sein, war die Tatsache, dass es sich um eine Ärztin handelte und sie sich vorwiegend mit meinem Körper beschäftigen würde, ein willkommener Kompromiss. Ich war zu diesem Zeitpunkt noch nicht bereit, mich einer Therapeutin anzuvertrauen oder mir und meinem Umfeld einzugestehen, dass ich eine solche aufsuchen würde. Nach der dritten Sitzung jedoch merkte ich, dass die Arbeit mit meinem Körper mehr einer Massage als einer Therapie glich und ich die Kommunikation in der Sitzung vermisste. Diese fand nur zu Anfang und zu Ende der Behandlung statt. Als ich bei der zweiten Therapiesitzung erwähnte, dass sich meine Gedanken hauptsächlich um meine Schmerzen drehten, diagnostizierte mir die Ärztin eine Depression. Ich werde nie vergessen, wie mich diese Diagnose traf. Es fühlte sich an, wie ein Tritt in die Magengrube, mir wurde schlecht und heiß. Meine Kopfschmerzen wurden stärker und ich hatte nur einen Gedanken: „Wie konnte das passieren? Wie schaffe ich es da heraus". Ich stand zwei Tage unter Schock.

Ich hatte zuvor keine Berührung mit psychischen Erkrankungen und dachte immer, eine Depression wäre ein Zeichen von Schwäche. Nach dem Motto, wenn man sich anstrengt, lässt man sich nicht gehen. Und ich strengte mich ja so an, gesund zu werden. Erst später wurde mir bewusst, was es wirklich für jemanden bedeutet, depressiv zu sein. Ich bitte für meine oberflächlichen und abschätzigen Gedanken um Verzeihung. Eine Depression kann jeden treffen. Eine Lektion die dieses Leben wohl für mich vorgesehen hat.

Damals jedoch war diese Diagnose, die mir die Ärztin mit der Ergänzung, sie könne mir sofort etwas verschreiben, hinschleuderte, ein Schock. Ich war strikt gegen Tabletten und hatte schlagartig jedes Vertrauen in sie verloren. Trotzdem ging ich nochmals zu ihr. Diesmal schloss sie ihre Sitzung mit den Worten, dass sie sich vielleicht getäuscht hätte, denn wenn ich drei Mal die Woche Yoga praktiziere und spazieren gehen würde, dann wäre ich wohl doch nicht depressiv. Ich war somit endgültig verunsichert und vereinbarte keinen weiteren Termin.

Ein paar Monate später bot mir eine Neurologin ebenfalls an, über meine Probleme bezüglich meiner täglichen Schmerzen zu sprechen. Sie hatte ein Zusatzzertifikat für Psychotherapie. Die beiden Sitzungen, die ich bei ihr wahrnahm, verliefen annähernd ähnlich. Ich erzählte über mich und mein Leben und sie kommentierte gelegentlich mit einem „Aha" oder einem stummen Nicken.

Das war alles. Ich bekam keine Antwort auf meine Fragen. Jeder Frage folgte eine Gegenfrage. Ich war mir sicher, dass ein Selbstgespräch mir gleich viel Hilfe bieten würde und suchte sie nicht mehr auf. Natürlich sehe ich ein, dass diese Sitzungen jemandem helfen können, der niemanden zum Sprechen hat. Für mich jedoch war das nicht das Richtige.

Nachdem ich im Frühjahr nicht in der Klinik aufgenommen wurde, wollte ich noch einen Therapieversuch starten. Der Therapeut erwies sich als genaues Gegenteil der Neurologin. Er sprach 60 Minuten auf mich ein und erklärte mir unentwegt, dass Sport bei Schmerzpatienten immer helfe, dass Perfektionismus für Schmerzpatienten typisch war, und dass ich lernen müsse mit meinen Schmerzen umzugehen. Wollte ich dem etwas erwidern, musste ich ihn unterbrechen. Als ich ihn in unserer dritten Sitzung wahrscheinlich zu oft unterbrochen hatte, erklärte er mir, dass wir für einen guten Therapieerfolg schon am selben Strang ziehen müssten. Noch bevor dieser Satz jedoch vollständig ausgesprochen war, hatte ich diesen Strang schon längst ausgelassen.

Durch den Kontakt mit dem ehemaligen Burnout Betroffenen wurde ich auf eine weitere Therapeutin aufmerksam. Ich war entschlossen, es noch einmal zu versuchen. Doch das sollte das letzte Mal in meinem Leben sein. Und Gott sei Dank habe ich es versucht. Ich habe eine tolle Gesprächspartnerin gefunden. Jemanden, der mir bei meiner Umbauphase – ja anfangs war es eine Krise, doch jetzt sehe ich es als Umbauphase an – hilft und mich unterstützt. Ich habe jemanden gefunden, der mich als Person respektiert. Ich habe einen geschützten Raum gefunden, in dem ich meine Probleme erörtern kann. Ein Raum, in dem ich laut denken kann, ohne mir über richtig oder falsch Gedanken machen zu müssen. Ich konnte meinen Widerstand gegen eine Psychotherapie ablegen.

Jedem, der eine schwierige Lebensphase durchmacht und vor der Entscheidung steht, eine Therapie anzufangen, dem wünsche ich von Herzen, sich dafür zu entscheiden und sich dafür nicht zu schämen. Leider wird das Aufsuchen eines Therapeuten in unsere Gesellschaft und insbesondere in der ländlicheren Gegend mit einem „der oder die ist jetzt auch durchgeknallt" gleichgesetzt. Hingegen, und das musste ich ebenfalls lernen, ist eine kontinuierliche Hygiene der eigenen Psyche sehr gesund und durchaus empfehlenswert. Sie wirkt sich nicht nur positiv auf den Menschen, der die Behandlung in Anspruch nimmt, aus, sondern auf sein ganzes Umfeld. Oft können Herausforderungen, die das Leben bereithält, einfach nicht im Familien- und Freundeskreis gemeistert werden. Denn es braucht nicht selten einfach jemanden, der die Sache mit etwas Distanz betrachtet und so neue Sichtweisen eröffnet.

Wenn Ihr Euch dazu entschließt, eine Therapie zu machen, wünsche ich Euch auch, Euch nicht dafür zu schämen, wenn Ihr erst drei oder mehr Therapeuten „verbrauchen" müsst, um den einen oder die eine zu finden, bei dem oder der Ihr Euch gut aufgehoben fühlt.

Die Therapeuten-Patienten Beziehung ist eine sehr empfindliche und verletzliche Beziehung und man sollte den richten Partner dafür finden. Das würde ich umgekehrt auch jedem Therapeuten empfehlen. Falls ein Therapeut merkt, dass er mit einem Patienten nicht arbeiten kann oder möchte, sollte er, schon aus finanziellen Gründen, so fair sein und das auch ansprechen und den Patienten an einen Kollegen verweisen.

Natürlich stellt sich in Bezug auf eine Psychotherapie auch immer die finanzielle

Frage. Und hier kann ich nur hoffen, dass sich unser Gesundheitssystem bald den Anforderungen unserer Zeit anpassen wird.

Kapitel 8 - Soziale Kontakte

Ich möchte in diesem Kapitel versuchen, das paradoxe Verhalten eines Menschen, der durch eine Krise geht, ein wenig verständlicher zu machen. Ich wünschte mir in meiner Krise beziehungsweise in meiner Umbauphase nichts mehr, als verstanden zu werden. Doch ich musste lernen, diesen Wunsch loszulassen. Niemand kann die Schmerzen eines anderen verstehen. Auch wenn er sich noch so sehr bemüht. Am ehesten fühlt man sich von jemandem verstanden, der sich in einer ähnlichen – und ich sage ähnlich, weil keine Krise der anderen gleicht – Situation befindet oder befand. Durch dieses Unverständnis entsteht unweigerlich ein Riss im Familienbunde, ein Riss im Freundeskreis. Das ist jedoch der Situation geschuldet und keine Frage des mangelnden Bemühens der beiden Seiten.

Meine Freunde ließen nur noch selten von sich hören und ich meldete mich auch kaum. Es schmerzte mich, wenn sie peinlich berührt, nicht nach meinem Befinden fragten. Und genauso schmerzte es mich, wenn sie danach fragten. Denn das bedeutete, dass ich mich rechtfertigen musste – so kam es mir immerhin vor – warum es mir immer noch schlecht ging. Zudem verlagerten sich einfach meine Prioritäten. Ich war zu sehr mit mir und meinen Schmerzen beschäftigt, als dass ich über Mode, Musik, eine neue Liebe oder den nächsten geplanten Urlaub sprechen konnte. Ich befand mich auf einer Eisplatte, die immer weiter vom Festland abdriftete. Sehnsuchtsvoll blickte ich auf das Festland zurück und wollte nichts mehr, als wieder ein Teil davon sein. Und doch weiß ich, dass die Reise, die ich auf dieser Eisplatte unternommen habe, immer ein Teil meiner Erinnerung sein wird.

Wenn ich mich doch entschied mit zu einem Konzert oder ins Kino zu gehen, entstand in mir eine Megawut gefolgt von Traurigkeit. Ich wollte auch wieder lustig sein und Spaß haben – und dies nicht nur vortäuschen müssen. Aber mein Körper ließ mich nicht, zu groß waren meine Schmerzen.

Trotz dieser Schmerzen hörte ich in dieser Zeit oft, dass ich ja eh gut aussehe. Oft vernahm ich die Worte, dass man mir gar nicht anmerke, dass es mir nicht gut ging. Oder ein erstauntes: „Du siehst aber gut aus, geht es dir schon wieder besser?" Ich wusste oft nicht, ob ich dankbar für mein schauspielerisches Talent sein sollte, oder traurig darüber. Der Grund, warum ich mich nicht gehen lassen wollte, war einfach. Ich wollte nicht, dass die Schmerzen über mich siegten. Ich war nicht meine Schmerzen. Sie quälten mich. Aber ich müsste sie nicht auch noch vor mir hertragen und der ganzen Welt zeigen.

Ich war auch enttäuscht von mir und wütend auf mich. So plötzlich war ich zu so einer Person geworden, die ich früher nie ausstehen hätte können. Eine Person, die ständig krank war, ständig Schmerzen hatte und deren einzige Neuigkeit war, welchen Arzt sie zuletzt besucht hatte. Ich wusste, ich musste netter zu mir sein. Ich wusste, ich sollte stolz darauf sein, wie gut und wie tapfer ich mich schlage. Aber es war schwierig. Jeder Tag voller Schmerzen und jede Behandlung, die nicht anschlug, kamen mir wie ein weiteres Versagen vor.

Was alles noch schlimmer machte, waren all die guten Ratschläge, die ich in dieser Zeit von allen Seiten hörte:

„Du musst positiv denken"; „Aufgeben tut man nur einen Brief"; „Reiß dich zusammen", „Indem du weinst, machst du es nur noch schlimmer"; „Du musst unter Leute gehen"; „Lenke dich ab"; „Gehe in die Stadt", „Mach Sport"; „Versuche es mit Meditation"; „Schau jetzt mal auf dich"; „Du musst Geduld haben (mein Favorit!)", Du schaffst das schon"; „Ich würde dir das gerne abnehmen. Ich würde das eher ertragen".

Diese Ratschläge waren alle gut gemeint, da bin ich mir sicher. Und ein paar dieser Sätze hätte ich so oder so ähnlich vielleicht auch jemanden in meiner Situation gesagt. Doch all diese Ratschläge gaben mir das Gefühl, mich nicht genug anzustrengen, mich nicht genug zu bemühen. Heute habe ich verinnerlicht, dass es genügt, dass ICH weiß, dass ich mein Bestes gebe und ich versuche diese Ratschläge an mir abprallen zu lassen.

In dieser Zeit habe ich viel darüber nachgedacht, ob es wohl ein Rezept für richtiges Trösten gäbe. Und ich habe es für mich gefunden. Wenn man richtig trösten möchte, dann muss man die Kraft und den Mut haben, in das Loch hinunter zu steigen, in dem sich der zu Tröstende befindet. Man muss sich zu ihm hinunter begeben und die Kraft, den Mut, die Liebe und die Zeit haben, sich still zu ihm zu setzten und zu sagen: Weine! Schreie! Verfluche die ganze Welt! Verfluche mich! Ich bleibe hier sitzen. Und wenn du bereit bist, dann machen wir beide uns an den Aufstieg. Und wenn du weißt, was dir helfen könnte, dann sage es mir. Und wenn du es nicht weißt, dann ist das auch ok. Und wenn du tausend Mal sagst: „Ich weiß es nicht. Ich weiß nicht wie ich es schaffen soll". Dann sind diese Worte bereits Teil deiner Heilung. Du bist bereits mitten drin. Du bist bereits dabei heil zu werden! Nur so kann man meines Erachtens trösten. Alles andere sollte man lieber lassen.

Denn wenn man nicht die Kraft, den Mut, die Liebe und die Zeit hat, da hinunter zu steigen, dann sollte man auch nicht von oben herab in das Loch schreien: „Reiß dich zusammen"; „Hör auf zu weinen"; „Du schaffst das". Denn diese Worte schallen für den im Loch Hockenden wider und vibrieren in seinem Körper und sein Herz hört nur: „Du strengst dich nicht genug an. Wenn du stark wärst, dann würdest du nicht immer noch hier hocken. Du bereitest deinen Lieben nur Kummer".

Genauso wenig sollte man versuchen, das Häufchen Elend aus dem Loch zu ziehen. Denn ein Seil von oben hinab zu werfen wird nicht helfen. Erstens gibt es verschiedene Arten von Seilen: Die aus Seide: „Wenn du etwas brauchst, ruf mich an". Diese reißen sofort. Ebenso wie die aus Wolle: „Ich bin für dich da". Die Seile aus Eisen: „Lass uns etwas unternehmen. Du musst mal wieder raus", erschlagen das Häufchen Elend im Loch. Und eine Leiter aus Holz „Du schaffst das schon" überlässt es erst recht dem Häufchen Elend, sich Stufe für Stufe hinauf zu schleppen. Nein, für richtiges Trösten führt kein Weg daran vorbei, selbst in das Loch zu steigen und zu fragen: „Was brauchst du?" Und wenn die Antwort lautet: „Ich weiß es nicht". Dann heißt es eben erst mal sitzen bleiben, umarmen und warten. Es wird nicht ewig dauern. Trost gibt Hoffnung und Hoffnung gibt Kraft!

Kapitel 9 - Die Umarmung meiner Schattenseite

In meinen dunkelsten Stunden fühlte ich nur noch Schmerz. Mein Körper war mir fremd, mein Gesicht im Spiegel war mir fremd. Ich war mir fremd. Ich machte Sport und verspürte anschließend keinen Muskelkater, ich rannte stundenlang und wurde nicht müde, ich empfand keinen Hunger und keinen Durst. Ich kniete am Boden und betete zu Gott und diskutierte mit ihm im selben Augenblick. Ich verstand nicht, warum das passieren musste. Ich fragte mich immer und immer wieder, was ich falsch gemacht hatte. Ich überlegte vehement, wo ich auf meinen Lebensweg falsch abgebogen wäre. Ich hasste die Dunkelheit in mir. Ich wiederholte ständig, dass das nicht ich sei, dass ich das nicht verstehe.

Doch die Wahrheit war: auch das war ich. Ich wollte es nur nicht wahrhaben. Ich kannte diese Seite an mir nicht, aber sie war ein Teil von mir.

In dieser Zeit überlegte ich mir auch, was wohl der schrecklichste Ausgang meiner Situation wäre. Ich wusste, dass, wenn ich meine Familie nicht hätte, ich bereits obdachlos sein würde. Jedes Mal, wenn ich im Winter an einem Obdachlosen vorbei ging, schauderte ich, ich gab, so oft es meine Situation mir erlaubte, ein paar Münzen in die Blechdosen und abends beim Einschlafen dankte ich für mein warmes Bett und für meine Familie, die mich stützte.

Nach den ersten Monaten verflog meine Panik vor dem alleine sein und meine Schmerzen brachten mich nicht mehr, so wie zu Beginn, aus der Fassung. Ich hatte keine Angst mehr vorm Sterben, aber ich hatte Angst davor, nicht richtig gelebt zu haben. Ich wollte leben! Ich wollte, dass die Schmerzen aufhörten.

Aber was, wenn das nicht möglich war? Was, wenn mein Gedächtnis und meine Konzentration so schlecht bliebe? Was, wenn ich nicht mehr arbeiten könnte? Was dann?

Es war wichtig, mir diese Fragen zu stellen und ich fand auch ziemlich früh Antworten darauf. Mein letzter Ausweg stand somit für mich fest: das Kloster. Ja, ich meinte es ernst damit. Ich hatte mich ausreichend informiert und wusste, welche Schritte ich setzen musste. Erst Monate später wurde mir klar, dass mein letzter Ausweg, meine dunkelste Vision, ein Ort voller Licht, Gemeinschaft und Liebe war. Ein Ort, an dem ich geben würde, was ich geben konnte, an dem ich versorgt sein würde, Teil einer Gemeinschaft wäre und an dem ich leben konnte.

Jedes Mal, wenn mich in den nächsten Monaten Panik überkam und ich Angst davor hatte, es körperlich und finanziell nicht zu schaffen, dann dachte ich an meinen Ausweg: den Weg ins Kloster. Und ich merkte, wie dieses Bild mich ruhig werden ließ, wie es mir Halt und Kraft gab. Es war gut, diesen Plan zu haben. Der Plan für mein Worst-Case-Scenario. Sehr gut sogar. Und ich glaube, dass es kein Zufall war, dass ich meine letzten 10 Stunden Zugfahrt vier Tage bevor meine Schmerzen begannen, in einem Zugabteil mit fünf Nonnen verbrachte. Diese fünf Frauen aus den unterschiedlichsten Teilen der Erde strahlten so viel Lebensfreunde und Wärme aus, dass ich mich sofort geborgen fühlte. Und als eine mich zum Abschied umarmte und mir ins Ohr flüsterte „God bless you (Gott beschütze dich)", da hatte ich für einen Moment das eigenartige Gefühl unsterblich zu sein. Natürlich höhnte ich über diesen Segen, als ich nicht einmal vier Tage später lernen sollte, was es heißt Schmerzen zu empfinden. Doch auch wenn ich ihn verhöhnte, so hütete ich ihn doch wie eine wertvolle Erinnerung, die mir in meinen dunkelsten Stunden meinen letzten Ausweg leuchtete.

Als ich verstand, dass diese dunkle Seite ein Teil von mir war, wurde mir klar, dass ich sie annehmen – ich sage absichtlich nicht akzeptieren - musste. Dass ich sie nicht weiter hassen konnte. Der erste Schritt sie anzunehmen, war darüber zu sprechen und zu versuchen meine Scham abzulegen. In dieser Zeit hat mir jemand gesagt: „Du bist der Welt zumutbar! Deine Situation ist der Welt zumutbar. Überlass die Entscheidung, wie jemand auf sie reagiert, dem anderen. Du musst dich nicht von vorne herein aus der Spiel nehmen". Und diese Person hatte Recht. Dieser Lebensabschnitt ist ein Teil von mir. Ich sollte mich nicht dafür schämen. Ich darf über die Dunkelheit sprechen, nur so kann sie ans Licht kommen. Ich sollte mich nicht vor dem Urteil fürchten, dass andere über mich fällen. Ich bin der Welt zumutbar.

Ich hatte diese Schmerzen, es ging mir immer noch nicht gut, und ich konnte, wenn mich jemand danach fragte oder ich mich einfach danach fühlte, nach und nach darüber sprechen. Natürlich fühlten sich viele Menschen durch diese plötzliche Direktheit meinerseits überfordert, doch es war eine Befreiung und eine wunderbare Möglichkeit, meine wahren Freunde herauszufiltern.

Kapitel 10 - Kultivierung meines Selbst

Ich bin davon überzeugt, dass Veränderung eine Illusion ist und nur das Entdecken, Entfalten und Leben unserer Potenziale uns wirklich heilt. Niemand muss sich verändern! Jeder kann nur das Potenzial erkennen, das in einem ist. Alles was wir brauchen ist bereits in uns!

Und ich bin davon überzeugt, dass jeder von uns ein unerschöpfliches Potenzial in sich trägt. Doch glaube ich ist dieses Potenzial nicht ident, weshalb auch Heilungs- und Lebenswege nicht ident sein können.

Ich habe in Laufe meiner Heilreise fleißig und kontinuierlich zahlreiche Methoden gelernt und trainiert. Jede neue Methode legte jedoch nur ein Verbandszeug auf meine Wunden, heilte diese aber nicht. Erst als ich anfing, mich nicht mehr nur dem Schmerz und der Heilung meines Schmerzes zu widmen, sondern Tätigkeiten nachzugehen die mir gut taten, fing ich langsam an, mich ein wenig zu fangen.

Die Tätigkeiten, die mir halfen, waren Tätigkeiten, mit denen ich mich bereits als Kind gerne beschäftigte, die ich aber irgendwann vergessen hatte. Ich hielt mich lange und gerne in der Natur auf. Ich begann wieder zu malen und wieder vermehrt zu schreiben. Vielleicht ist es kein Zufall, dass ich auf alt bewährte Methoden zurückgriff und mir diese halfen. Als Kind wusste ich sehr genau, was mir gut tat. Ich wusste, dass ich beim Malen ganz ruhig werden konnte. Ich wusste, dass ich beim Lesen eines Buches, ganz in eine Phantasiewelt eintauchen konnte. Ich wusste, dass ich beim Reisen die Begeisterung in jeder Faser meines Körpers spüren konnte. Ich wusste, dass ich beim Schreiben meine Gefühle sprechen lassen konnte, dass ich plötzlich meine Gedanken filtern konnte, dass ich mit einem

Mal ganz bei mir war. Beim Schreiben fühlte ich augenscheinlich, dass ich nicht das Problem und nicht die Herausforderung war. Ich konnte Distanz gewinnen und in eine Beobachterrolle schlüpfen. Mir wurde bewusst, dass ich mehr war als mein Schmerz und mehr als meine Krise. Und Schritt für Schritt ganz aus dem Nichts tauchten Kreativität, Stärke und immer mehr Gelassenheit auf.

Heute bin davon überzeugt, dass, je näher ich meinem wahren Selbst komme, umso näher ich meiner Heilung komme. Denn mein Selbst ist heil. Um keine Missverständnisse zu erzeugen möchte ich klarstellen, dass, wenn ich von meinem Selbst spreche, ich nicht von Erleuchtung im populistischen Sinne spreche. Ich bin der Ansicht, dass dies eine ziemlich langweilige Welt wäre, wenn alle unsere Selbst mit der Erleuchtung eines Gurus gleichgestellt werden würden. Die Entdeckung meines Selbst ist wie eine

Heimreise. Eine Reise zu dem Ort, der immer da war.

Während meiner Krise habe ich alle möglichen Methoden ausprobiert – von der Extrem-Yogini bis zur kontinuierlichen Dankbarkeitsmeditation. Wenn ich in dieser Zeit durch die Stadt ging oder mit dem Bus fuhr, dann wünschte ich jedem, der ein offensichtliches Gebrechen hatte, Gesundheit, still in Gedanken und von ganzem Herzen. Ich dachte jeden Abend an die Dinge, für die ich dankbar war. Ich stellte meine Ernährung extrem um. Ich hörte andere Musik. Umgab mich mit anderen Menschen. Las andere Bucher. Jede dieser Methoden hatte unzählige Vorteile und ist meines Erachtens eine wunderbare Ergänzung in meinem Leben. Doch in dem ich zu der Methode werden wollte, beziehungsweise zu der Gruppe von Menschen gehören wollte, die diese Methode lebten, wurde mir klar, dass dies nur ein Umhang, nur eine neue Rüstung für meinen schmerzenden Körper wäre. Nichts davon war wirklich ich.

Erst jetzt, da ich mich mit mir auseinander setze und bereit bin, mich allem zu stellen, auch meiner Dunkelheit und meinen Schwächen und für mich selbst einzustehen, beginnt langsam Heilung.

Ich werde nicht vortäuschen, dass es mir bereits gut geht. Nein, das tut es nicht. Und auch wenn man sich manchmal nichts sehnlichster wünscht als ein Happy-End, so kann ich an dieser Stelle kein Happy-End nach dem Motto „ich habe dieses und jenes getan und jetzt bin ich schmerzfrei" verfassen.

Die Wahrheit ist: Ich habe nach wie vor Schmerzen – täglich. Ebenso kann ich nicht behaupten, dass ich den Schmerzen jetzt mit vollkommener Gelassenheit begegne oder sie voll und ganz annehme, sie mich nicht mehr quälen. Das alles kann ich nicht. Und deshalb ist dieses Buch auch kein Selbsthilfebuch, sondern ein persönlicher Erfahrungsbericht und ein Trainingsbericht.

Ja, ich trainiere und lerne noch ständig. Ich erlerne nach wie vor das Konzept des Loslassens und des Annehmens. Ich trainiere nach wie vor meine Gelassenheit. Und ich trainiere nach wie vor, nicht zwanghaft und ständig zu werten und zu bewerten. Ich übe meine Gedanken und Gefühle klar zu kommunizieren. Ich lerne noch täglich nicht in Ergebnissen zu denken, sondern meine Aufmerksamkeit auf den Weg zu richten. Und ganz ehrlich gesagt ist es sehr hart, diese Lektion in einer Zeit zu lernen, wo mein Ergebnis Schmerzfreiheit und mein Wegbegleiter meine Schmerzen sind. Deshalb erlaube ich mir, hier an dieser Stelle Euch zu wünschen, dass Ihr diese Lektion in Eurem Alltag lernen und trainieren könnt. Ich bin davon überzeugt, einmal gelernt, ist sie ein Upgrade für Euer ganzes Leben.

Ihr seht ich lerne und trainiere immer noch, doch habe ich auch schon einiges verinnerlicht und diese Dinge möchte ich Euch nicht vorenthalten. Ich habe gelernt, meine Krise von nun an Umbauphase zu nennen. Wir Menschen haben alle eine Baustelle in unserem Leben. Wir unterscheiden uns nur dadurch, ob wir ständig dekorieren oder ständig renovieren. Ich habe ziemlich lange dekoriert, jetzt ist es an der Zeit zu renovieren. Deshalb ist mein momentaner Lebensabschnitt eine Umbauphase. Und das Schöne, so finde ich, ist, dass das Wort Umbau Fortschritt und Wachstum suggeriert. Ich habe gelernt, dass im Leben nicht alles nach Plan verläuft. Mein Plan vom Leben war großartig und doch hatte ich vergessen einzuplanen, dass nicht alles nach diesem Plan verlaufen könnte. Und das war die große Schwachstelle im Plan. Ich habe so gelernt, die Illusion, ich könnte alles kontrollieren, aufzugeben. Ich habe aufgehört nach Perfektionismus zu streben und lerne, dass mein Bestes gut genug ist. Ein weiterer wichtiger Schritt für mich war, meine Umbauphase nicht mehr in zeitlichen Einheiten zu messen. Weder schaue ich zurück und benenne genau die Monate, Wochen und Tage seit denen ich Schmerzen empfinde, noch setzte ich mir zeitliche Ziele, wie zum Beispiel bis Weihnachten 2015, bezüglich meiner Genesung. Ich habe gelernt anzunehmen, dass die zeitliche Benennung nicht innerhalb meines Handlungsspielraumes liegt.

Ich habe gelernt, andere Menschen nicht voreilig zu beurteilen. Denn was weiß ich schon von ihrem Leben, ihren Freuden, ihrem Glauben, ihrem Schicksal und ihrer Lebensaufgabe? Nichts! Ich bin immer noch dabei, mich selbst kennenzulernen und wenn ich über mich selbst noch kein Urteil gefasst habe, wie könnte ich mir dann anmaßen über jemand anderen zu urteilen? Das bedeutet keinesfalls, dass ich jetzt jeden Menschen sympathisch und liebenswert finde! Im Gegenteil merke ich jetzt viel früher, welche Gesellschaft mir gut tut und zu welchen Menschen ich lieber Abstand halte.

Ich habe gelernt mich bezüglich meiner Situation nicht mehr zu schämen. Diese Umbauphase, dieser Schmerz ist ein Teil meines Lebens. Wenn ich mein Leben liebe, dann muss ich es voll und ganz lieben. Deshalb habe ich angefangen über meinen Zustand zu sprechen. Das kostete große Überwindung. Denn ehrlich gesagt, wer erlaubt schon gerne Anderen einen kleinen Einblick in seine Seele? Ich nicht! Und doch habe ich es getan. Weil ich von anderen Menschen inspiriert wurde, deren Worte und deren Geschichte mir Wegweiser und Sternschnuppen waren. Ich konnte diesen Schritt gehen, weil ich aufgehört habe, mir darüber Gedanken zu machen, was andere von mir denken. Ihre Gedanken liegen schließlich und endlich außerhalb meines

Einflussbereichs. Ebenso habe ich aufgehört, mich für meine Fehler zu bestrafen. Warum sollte ich mein Vergangenheits-Ich für Sachen bestrafen oder gar schelten, das es damals nach besten Wissen und Gewissen getan hat? Mein Vergangenheits-Ich wusste es nicht besser. In dieser Zeit, an diesem Ort hat es alles richtig gemacht, ich darf dankbar dafür sein! Ebenso wenig sollte ich mein Zukunfts-Ich einschränken. Weder weiß ich, vor welchen Herausforderungen dieses stehen wird, noch weiß ich, wie schnell mein Jetziges-Ich mein Selbst kennenlernt. Es gibt noch weitere Dinge, die ich lerne oder die ich bereits gelernt habe, aber denen zugrunde alle meine wichtigste Erkenntnis liegt: Vertraue auf deine innere Stimme.

Natürlich ist das keinesfalls eine für die Allgemeinheit neue Erkenntnis. Doch es war ein Meilenschritt für mich. Nachdem ich begonnen habe, auf meine innere Stimme zu hören und ihr zu vertrauen, konnte ich Schritt für Schritt beginnen, meinen Weg zu gehen und alles anzunehmen, was ich auf diesem Weg antreffen möge.

Kapitel 11 - Schlussworte

Gegen Ende erlaube ich mir noch ein paar Worte an Euch Leser persönlich zu richten. Ich spreche mit diesem Buch insbesondere meine Generation an.

Viel zu oft glauben wir, dass unser Körper in der Blüte unserer Jahre alle Anstrengungen und all den Stress einfach hinnimmt. Und das tut er sicher auch – zumindest eine Zeit lang. Doch das Gedächtnis unseres Körpers ist atemberaubend, denn er vergisst nie! Irgendwann, wenn die Ausbeutung stetig zu- und die Erholungsphasen kontinuierlich abnehmen, bleibt unserem Körper nichts anderes übrig, als uns das Stoppschild zu zeigen. Er nimmt keine Rücksicht auf unseren Terminkalender, unsere Pläne oder unser junges Alter, sondern zwingt uns von einem Tag auf den anderen stehen zu bleiben, inne zu halten und in uns hineinzuhören.

Ich dachte diese Phase würde mir erspart bleiben, da ich stressresistent war, und außerdem war ich davon überzeugt, dass sogenannte Krisen doch wohl eher den Menschen in der zweiten Lebenshälfte vorbehalten wären. Falsch gedacht! Je früher wir anfangen unseren Körper auszubeuten und einem Ziel nach dem anderen hinterher zu eilen ohne unsere Prioritäten zu überdenken, desto früher wird uns unser Körper mehr oder weniger konsistent dazu einladen, eine Pause einzulegen. Der Mensch, und das ist allgemein bekannt, ist ein Gewohnheitstier. Es fällt uns somit schwer unsere Routine abzulegen und uns zu ändern. Nicht selten bedarf es eines hohen Leidensdruckes, bevor neue Wege eingeschlagen werden.

Ich bin meinen Weg unbeirrt gegangen und als ich eine Sackgasse erreichte, wollte und konnte ich mich damit nicht abfinden. Ich war mir sicher, würde ich nur stetig und kontinuierlich gegen diese Wand laufen, dann würde sie nachgeben und ich könnte meinen Weg unbeirrt weitergehen. Tja, das Bild von „mit dem Kopf durch die Wand" passte so gut zu meiner Situation. Die Wand gab nämlich keinesfalls nach, doch mein Kopf begann von heute auf morgen so an zu schmerzen, dass ich aufhören musste, gegen die Wand zu laufen. Ich habe sie noch einige Monate ungläubig angeblickt und mich dann aufgemacht, einen neuen Weg zu erkunden.

Alle in diesem Buch beschrieben medizinischen Verfahren und andere Heilmethoden haben meines Erachtens ihre Berechtigung. Wir haben Glück, in unserer Zeit unter einer Vielzahl von Behandlungsmethoden wählen zu können.

Ich bin jedoch der Ansicht, dass die meisten Methoden der Symptombekämpfung und der Linderung des Leidens dienen. Für wahre Heilung jedoch muss man Selbstverantwortung übernehmen. Es gilt ungünstige Einstellungen und Überzeugungen loszulassen und schädliche Gewohnheiten abzutrainieren.

Natürlich wäre Heilung mittels einer Methode, die man über sich ergehen lässt, viel einfacher und vor allem sehr viel bequemer. Ich habe es versucht! Lach. Diese Methoden können meines Erachtens jedoch nur unterstützen. Eine 60-minütige Behandlung kann keine Heilung herbeiführen, wenn der restliche Alltag und vor allem unsere Gedanken und Überzeugungen grundlegend gleich bleiben. Es führt somit kein Weg daran vorbei, eigenständig Veränderungen in seinem Leben vorzunehmen. Dies empfinde ich ehrlich gesagt als recht herausfordernd. Aber auch spannend! Es gilt tägliches und kontinuierliches Training!

Ich wünsche Euch die Kraft, Eure Ziele stetig zu überdenken. Ich wünsche Euch die Weisheit, den Weg hin zu Euren Zielen zu genießen und voll und ganz zu leben. Und ich *wünsche Euch den Mut, neue Wege einzuschlagen, bevor der Leidensdruck zu groß ist und Euer Körper Euch das Stoppschild zeigt!*

Viel Kraft für all Eure Vorhaben!

Christina

Information

Die Autorin betreibt auch eine Blog (www.papier-ist-geduldig.at) auf dem sie über das Leben philosophiert, mentale Trainingstechniken vorstellt, Gedichte veröffentlicht und sich den Herausforderungen ihrer Generation widmet.